# 僕の名前はアリガトウ

## 太平洋廃棄物広域協力の航跡

天野 史郎

AMANO Shiro

# はしがき

　本書は、大洋州にある島嶼国を対象とした15年以上にわたる廃棄物管理改善の国際協力の軌跡を描いたもので、本書の著者である天野史郎氏は専門家としてこの協力に一貫して関わってきた人物である。この協力は日本からの技術協力として行われた。「技術協力」とは何か。天野氏は、「技術は人から人へ伝えるものであり、人が主役だ」という。その意味で、本書は大洋州の島嶼国の人々の成長とそれを支えた専門家の記録といえる。

　本書の特徴として以下の3点が挙げられる。まず、本書の中心となる広域案件「大洋州地域廃棄物管理改善支援プロジェクト」で11カ国もの国を相手にプロジェクトを進めたことである。当然ながら、対象となった国々のごみ事情はそれぞれ異なる。1つのプロジェクトでこのように置かれた状況が異なる11カ国を対象とするのは想像以上に大変な取り組みである。本文にも触れられているように、スマートでアカデミックな開発モデルやアプローチを披露するだけではなく、天野氏のように1つ1つの国に対してきちんと現実の現場を把握し、具体的な行動を起こすきめ細かい事業の運営は、日本ならではの国際協力の姿ではないだろうか。

　次は、大洋州の島嶼国という小さな島々ならではの廃棄物管理行政の難しさが描かれている点である。どの国であっても廃棄物処理の管理は大変であるが、この大洋州の島嶼国はとにかくごみを廃棄する土地も処理する施設もない。その一方で、ごみとなる物資はどんどん輸入されて入ってくる。このような状況の中でどのように廃棄物管理を実践していくのか。他の地域でも参考となるような実践例が本書で紹介されている。

最後は、上記で挙げられた課題に対する解決方法として日本の知見が活用されていることである。リサイクルで有名な鹿児島県志布志市に代表される日本ではおなじみの3R（リデュース、リユース、リサイクル）でごみの総量を減らす活動の研修。同じく島々からなる沖縄県における廃棄物処理の知見を活かした研修の実施。ごみ処分場の改善のために活用された準好気性埋立構造を持つ福岡方式の導入。といった日本の知見が如何なくこのプロジェクトでは活かされている。

　本書は、JICA研究所の「プロジェクト・ヒストリー」シリーズの第21弾である。この「プロジェクト・ヒストリー」は、JICAが協力したプロジェクトの歴史を、個別具体的な事実を丁寧に追いながら、大局的な観点も失わないように再構築することを狙いとして刊行されている。そこには、著者からのさまざまなメッセージが込められている。大洋州を取り上げるのは初めてであり、また、廃棄物管理をテーマとして取り上げるのはシリーズ第17弾のバングラデシュを舞台とした「クリーンダッカ・プロジェクト―ゴミ問題への取り組みがもたらした社会変容の記録」以来二度目である。バングラデシュの事例との共通点、相違点を見つけ、比較考察してみるのも面白いかもしれない。新たな広がりを見せている本シリーズ、是非、一人でも多くの方に手に取ってご一読いただければ幸いである。

JICA研究所長

大野　泉

# 目次

はしがき……………………………………………………………………… 2

プロローグ…………………………………………………………………… 9

## 第1章
### 船出 −廃棄物協力はいかに始まったか− ………………………… 17
1-1. 桜井レポート（出港準備）…………………………………………… 19
1-2. サモアってどこ？（目的地）………………………………………… 21
1-3. 僕の名前はアリガトウ（遭遇）……………………………………… 25
1-4. 広域研修と協力隊（訓練）…………………………………………… 26
BOX-1　カヴァボーイ ……………………………………………………… 33
1-5. 研修員のフォロー（点呼）…………………………………………… 36
1-6. ナンディの密談（羅針盤）…………………………………………… 43
1-7. 福岡方式のモデル（プロトタイプ）………………………………… 45
BOX-2　福岡方式 …………………………………………………………… 49

## 第2章
### 荒波 −二国間プロジェクトの開始とサモアモデルの没落− …………… 55
2-1. パラオの国際会議（針路変更）……………………………………… 57
2-2. サモアのめざましい改善（順風満帆）……………………………… 61
2-3. 転落と絶望（難破）…………………………………………………… 63
2-4. 復活の兆し（救命ボート）…………………………………………… 68
2-5. 津波と災害廃棄物（光明）…………………………………………… 74

## 第3章
### 新たな海図 −二国間協力から広域協力（J-PRISM）への発展− ………… 81
3-1. 二国間協力（定期航路）……………………………………………… 83
3-2. 志布志からブラ！（補給船）………………………………………… 90
3-3. J-PRISMの準備（探検）……………………………………………… 96
3-4. 命の誕生とマタイの称号（使命）…………………………………… 98

第 4 章
# 嵐との遭遇 − 広域プロジェクトの苦闘と南南協力の促進 − …………… 101
4-1. J-PRISM開始（出帆）……………………………………………… 103
BOX-3　大洋州地域廃棄物管理改善支援プロジェクト（J-PRISM）………… 103
4-2. サモアの憂鬱とバヌアツの進歩（暗礁）………………………… 106
4-3. チームソロモン（反乱）…………………………………………… 113
4-4. パプアニューギニアの事件（危険水域）………………………… 121
4-5. トンガ離島コミュニティー（助け合い）………………………… 136
4-6. アイランドホッピング（周航）…………………………………… 144
4-7. リターンの仕組み（片道航路）…………………………………… 154
4-8. キャパシティ・ディベロップメント（自立）………………… 161
BOX-4　ローカルトレーナーの養成と登録 ………………………… 172


第 5 章
# 生還 − 技術協力でもたらされた成果 − ………………………………… 175
5-1. 2015年沖縄研修（挑戦）…………………………………………… 177
5-2. ステアリングコミッティー（凱旋）……………………………… 182
BOX-5　J-PRISMの成果 ……………………………………………… 190
5-3. 新たな地域戦略とクリーンパシフィック円卓会議（希望）………… 193


エピローグ……………………………………………………………… 197
BOX-6　Bon Voyage ………………………………………………… 203
あとがき………………………………………………………………… 206
大洋州廃棄物協力年表………………………………………………… 210
参考文献・資料………………………………………………………… 212
略語一覧………………………………………………………………… 214

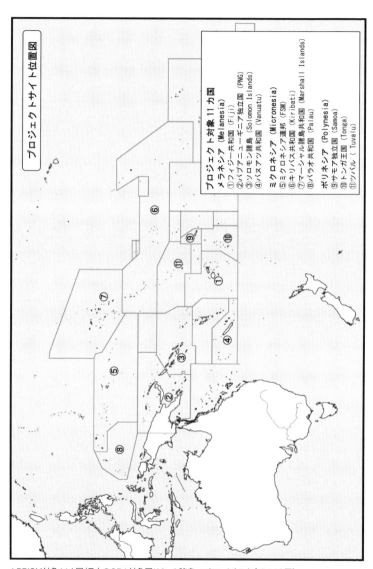

J-PRISM対象11カ国(日本のODA対象国はクック諸島、ニウエ、ナウルを含む14カ国)

出典:JICA報告書

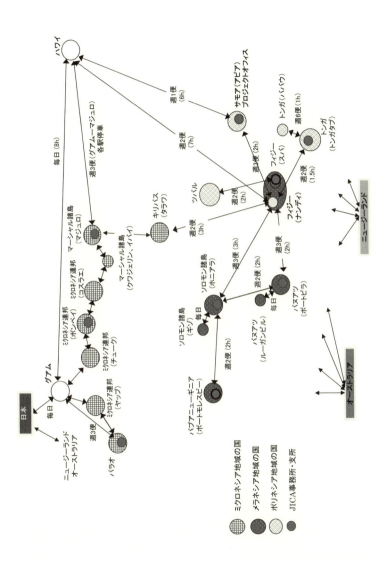

太平洋航空便ルートマップ（2011〜2015年当時）

資料：J-PRISM（一部修正）
（路線や便数は度々変更有り）

# プロローグ

プロローグ

2000　2005　2010　2015

　日本が行う開発途上国への支援の1つに『技術協力』がある。技術協力は相手国に技術を移転することである。『技術移転』とは誰かが誰かに何か（技術）を伝えることだ。技術を伝える人が『専門家』で、それを受け取る人が『カウンターパート』と呼ばれる現地の人々である。しかし、伝えるだけでは十分ではない。相手に根付いて初めて移転したといえる。根付くとは持続的であるということ、すなわち専門家が去った後も自分たちで継続できるということだ。そのためにはさまざまな条件が整わなければならない。それらを全部含めて初めて技術移転となる。

　技術は人から人に伝えるものだ。人から機械には伝えることはできない。機械を使うのは人だから、技術協力とは人が主役なのだ。だからこの物語は人（カウンターパート）と人（専門家）の物語だ。主人公は太平洋の小さな島国の人々であり、彼らを支えた専門家たちだ。これは彼らの成長の物語である。


　フィジービターのビンとビンがカチンと音を立てた。

　「マヌイヤ（サモア語で乾杯）！」「カンパーイ」

　冷たいビールの心地よい苦みが一気に喉を通過する。

　その日は広域トレーニングが始まる前日だった。1本目を飲み干すと、ファフェタイとチーフアドバイザーの天野は2本目のビールを注文し、レストランで歓談していた。2014年の11月のことである。この2人の付き合いは10数年になる。

　「今日は暑かったなー」

　「明日も晴れそうだね。みんなナンディに無事に到着したかな」

　2人はフィジーのヴァヌアレヴ島にあるランバサという都市にいる。隣のヴィチレヴ島の西部にある国際都市ナンディから北東に飛行機で45分の場所にある。明日の午後から始まる研修は、太平洋の島嶼国から精鋭を集め

11

て指導者を養成するためのものだ。ほとんどの研修員は明日の朝の便でナンディからランバサに移動する予定になっている。

フィジー位置図　　　　　　　出典：外務省

その日の午後、2人は現場トレーニングの準備のため、炎天下にごみの埋立地(ナマラ処分場)を歩き回った。ナマラ処分場は川のすぐそばのマングローブの湿地帯に位置し、長年オープンダンプとして使用されていたものを改善したものだ。オープンダンプとはごみをただ投棄しただけの埋立地で、とても不衛生な場所だ。そのナマラ処分場はファフェタイのおかげで見違えるようにきれいになった。もともとオーストラリア政府の資金援助でSPREP(地域国際機関の『太平洋地域環境計画事務局』)が地元のコンサルタントを雇って改善に手を付けていたが、遅々として進まなかった。そのためSPREPは改善工事を実施するための技術的な支援をJ-PRISM(『大洋州地域廃棄物管理改善支援プロジェクト』[1])に依頼した。J-PRISMはローカル専門家のファフェタイをランバサに派遣して改善工事の計画から実施を行ったのである。

J-PRISMは太平洋地域の11ヵ国を対象にしたJICA(国際協力機構)の広域プロジェクトだ。プロジェクトのマネジメントのためにサモアのSPREP

---

1) 太平洋は Pacific、大洋州は Oceania の訳で、太平洋は一般的に用いられ、外務省や JICA では大洋州が用いられることが多いが、本書では同義として扱う。

の本部にプロジェクトオフィスと呼ばれるチームを派遣している。そのチームを率いるのが、チーフアドバイザーでプロジェクト全体のリーダーの天野史郎（筆者）だ。サモアのプロジェクトオフィスはチーフの下に業務調整員数名とローカル専門家、アシスタントから成っている。このほかに、対象各国を移動しながらカウンターパートに指導を行う短期専門家が7〜8名、プロジェクトオフィスの下で活動を行っている。短期専門家は契約に基づいて業務を行うコンサルタントで、現地に常駐せず、日本から年に数回現地に派遣されてカウンターパートに直接指導や助言を行う専門家である。J-PRISMはJICAの直営のプロジェクトオフィスの下に、契約で業務を行う短期専門家が配置されるハイブリッド型と呼ばれる実施体制を取っている。

　ランバサのプロジェクトは、気候変動への適応化を目的としたもので、洪水などの自然災害に対応できるような埋立地にすべく改善が計画された。太平洋の島々では気候変動の影響による大型のサイクロンが来襲し、洪水による被害が多発しているのだ。ランバサのナマラ処分場も洪水のたびにごみが川や周辺に流出していた。

　レストランでビールを飲みながらナマラ処分場をどのようにして改善したかという苦労話が一段落した頃に、ファフェタイが真面目な顔をして、「実は大事な相談があるんです」と切り出した。ファフェタイは一旦ビールを口に含んで、「ゴクッ」と小さく喉を鳴らした。それからしばらく会話が続く。空きビンが並び、夜が更けていった。

　翌日は朝から快晴だ。ナンディ空港から大勢の研修員がランバサに到着した。その一行の中に日本からやってきた桜井國俊の顔もあった。桜井は2000年以来ずっとJICAの太平洋の国々への廃棄物分野の協力を見続けてきた人物である。研修員の多くとはすでに顔なじみである。研修員たちは「サクライセンセイ」と呼ぶ。

　研修員たちはこれから始まるトレーニングへの期待と、久しぶりに会った懐かしさで他国の研修員と談笑していた。ところが、その中で1人だけしょ

んぼりしている男がいる。トンガのマナセだ。いつもは真面目な顔をして冗談を飛ばして周囲を笑わせるのに、ファフェタイがどうしたのかと聞くと、

「ほんとにバカなんだから」と、トンガからマナセを"引率"してきたウィニーが代わりに応える。なんでも、ナンディのホテルでちょっとした隙に部屋に置いていた荷物を盗まれたらしい。荷物にはパスポートが含まれていた。

「パスポートがないと国に帰れないんだから、あんたしばらくこっちにいたら？」

しっかりもののウィニーはなかなか手厳しい。マナセはますます恐縮して小さくなった。

今回のトレーニングに招聘（しょうへい）した研修員は総勢16名。北から、パラオのカルビンとセルビー、ミクロネシア連邦のヤップ州からティナ、同じくポンペイ州のチャールズ。南からはパプアニューギニアのジョシュア、ジェームズ、ヴィヴィアンの3人、バヌアツのロジャーとアモス、ソロモン諸島のウェンディ、トンガのマナセとウィニー、地元のフィジーからシャレン、ローヒット、ナフィザ、それにランバサ町の自治体職員でホスト役のネワールである。ネワールはファフェタイの指導で一緒にナマラ処分場の改善に携わった人物だ。このうち、パラオのカルビンは別の出張と重なり参加できなかった。また、ミクロネシアのチャールズから途中経由地のグアムで寝坊して飛行機に乗り遅れたと連絡が入った。次の便に乗ってもフィジーへの到着日が大きく遅れることがわかったため、グアムからそのまま帰国させた。もちろん始末書もので、帰りの飛行機代も自腹である。

太平洋はアクセスが悪いため、乗り継ぎがある場合は（ほとんどがそうならざるを得ないが）何か問題が起きると旅程が大きく狂ってしまう。したがって、研修員が無事に全員揃うまで主催者側は気が休まらない。もちろん帰路も同様だ。研修の準備や不測の事態に対処するために、この研修にも進藤玲子、吉田綾子の2人の業務調整員がサモアのプロジェクトオフィスからフィジーに乗り込んでいた。

プロローグ

　ランバサでのトレーニングはローカルの指導者養成を目指したもので、2000年から継続されている大洋州での廃棄物分野の協力の歴史の中でも初めてのことだ。そのため、研修員はそれまでのJICAの協力で何らかの技術を習得し、他の研修員に伝えることのできる具体的な技術を持った人材だけが選抜された。

　5日間の研修プログラムは研修員全員が自分の得意分野の講師となって他の研修員を指導し、逆に他の講師（研修員）から彼らの技術の指導を受けることになっている。また、毎日の朝一番に省察の時間を設け、前日の学びや気付きをグループに分かれて1人ずつ共有した。ところどころに空白の時間が設けられ、議論が白熱したときや、新たな課題が出てきたときにこの時間を活用し、埋められるようになっていた。各人の講義はビデオで撮影し、各講義は評価シートによって他の研修員の評価を受けた。研修員は自分の講義のビデオと他の13人の研修員からの評価を受け取ることになる。

　「国に帰ってから、評価シートを読んで他の研修員からの厳しい評価結果に不満を感じたが、ビデオを見て納得した。とても参考になった」という研修員がいた。翌年に沖縄の研修で再会したパラオのセルビーの言葉である。彼は翌年の2015年の研修（沖縄）では見違えるような講義でみんなを驚かせた。ビデオと評価結果を見て何度も練習したらしい。

　この研修を通じて研修員同士の結束が高まり、国は違っても同じ大洋州の島嶼国の仲間としてお互いに切磋琢磨し、助け合うという意識が芽生えた。トンガのウィニーは、

　「国では自分1人ですべて解決しなければならなかったし、孤独感、閉塞感があってつらかった。この研修でみんなと会って、彼らの話を聞き、頑張っているのは自分だけではないこと、みんなと学び合い、教え合い、助け合うことができることがわかってとても勇気づけられた。明日からまた頑張ることができる」と感想を述べている。

15

トレーニング中の研修員を注意深く観察した桜井は、研修の最終日に1つの提案を持ちかけた。大洋州では桜井が中心として執筆し世界保健機関（WHO）西部太平洋事務所から1996年に出版された太平洋島嶼国向けの廃棄物管理ガイドブックがテキストとして長く使用されていた。ところが出版からずいぶんと経っていたため、情報をアップデートして改訂版を出すことが計画されていた。当初はJ-PRISMとSPREPの担当官による執筆を検討していたが、それを研修員たちの手に委ねようというのが桜井の提案である。この提案に研修員たちは奮い立った。そこでチーフ（天野）は、近い将来、同じメンバーを招聘し、ガイドブック案執筆の研修を開催することを彼らに約束した。

フィジー・ランバサでの専門家養成研修　　写真提供：J-PRISM

# 第1章

## 船　出
### ―廃棄物協力はいかに始まったか―

## 1-1. 桜井レポート（出港準備）

　物語の始まりは、フィジーのランバサでの広域トレーニングから10年あまりさかのぼる2000年のことである。この年、宮崎で開催される太平洋島サミットに向けて、外務省は大洋州向けの新たな支援策を模索していた。島サミットとは大洋州の14カ国の首脳を3年ごとに日本に招いて太平洋地域の課題について議論する場だ。14カ国とは、クック諸島、ミクロネシア連邦、フィジー、キリバス、マーシャル諸島、ナウル、ニウエ、パラオ、パプアニューギニア、サモア、ソロモン諸島、トンガ、ツバル、バヌアツである。いずれも太平洋諸島フォーラム（PIF）に加盟している国である。第1回は1997年に東京で開催され、2000年の第2回は宮崎で開催されることになっていた。そのため、JICAは外務省の意向を受けて環境分野での協力の可能性を調査するために桜井を派遣した。桜井は環境分野の専門家で、フィジーの南太平洋大学でも教鞭を執ったことがあり、世界保健機関（WHO）やJICA専門家として途上国に派遣された経験を持っている。JICA国際協力専門員や東大客員教授を歴任し、その年の4月から沖縄大学に教授として迎えられる直前のことであった。

太平洋島サミット（写真は第8回2018年のもの）　　　　写真：内閣広報室（外務省HP）

　桜井は当初から地域の国際機関である太平洋地域環境計画（SPREP）との連携による協力が不可欠だと考え、本部のあるサモアを訪問した。途上国での経験から、島嶼国での廃棄物対策が大きな課題になりつつあると感じていたからだ。サモアでは地域の典型として、島嶼

国のごみ処理事情を調査し、さまざまな関係者から情報を得た。さらに本丸のSPREPとは地域レベルでどのような協力が可能かを協議した。こうした結果生まれたのが廃棄物広域協力の企画案である。

　桜井が提言した協力は大洋州島嶼諸国を広域的に捉えたもので、極めて小さい国1つ1つに個別に協力するよりもインパクトや費用対効果の点で優れている。広域協力は、地域国際機関であるSPREPとの連携で展開するために日本からSPREPに長期広域協力専門家を派遣し、この専門家を軸に広域協力を展開する。他の援助機関の協力分野と重ならないようにする一方で、他の援助機関の協力による成果は広域ワークショップで積極的に取り上げ域内に広めていく。重点分野は、『都市廃棄物のマネジメントの改善』、『ごみ発生抑制の推進』、『発生抑制後も生ずる廃棄物の適正処分（埋立処分）』の3つである。

　マネジメントの改善に力点をおくのは、協力の相手側のマネジメントの改善なくしては技術的改善が持続的にならないからだ。ごみの発生抑制が重要なのは廃棄物管理の基本（3Rs）に則って、まず発生を抑制し（Reduce）、そのうえでなおかつ発生する廃棄物に関してはできるかぎり再使用し（Reuse）、それが叶わない場合には再生利用し（Recycle）、それもできない廃棄物に関しては適正な埋立処分を行うという廃棄物管理上のヒエラルキーに従って対処するためである。ごみ埋立地の段階的改善は、マネジメント能力を高めながらその能力に応じて埋立地を段階的に改善していくのが持続可能なアプローチとなる。

　広域ワークショップは、JICA沖縄センターとサモアのSPREPで交互に実施し、JICA、WHO、SPREPの共催で実施する。これは開発されたノウハウを共有する場となると同時に、発掘された優良事例をさらに発展させて行くための場でもある。すなわち広域ワークショップは、マネジメントの改善、ごみ発生抑制、ごみ埋立地の改善などの事業全体をループ状につなぐ環となる。沖縄は亜熱帯の島であり、珊瑚礁の海を資源として観光

立県を進めており、日本では大洋州島嶼諸国との共通性が最も高い地域である。そこで離島の多い沖縄の廃棄物管理経験や日本の廃棄物管理経験を沖縄から大洋州島嶼諸国に向け発信することができる。

大洋州島嶼国における廃棄物の問題は、国連の島嶼国会合の議題の1つにもなっているように関心が高く、地域の持続可能な開発にかかわる共通の問題として認識されている。この問題の解決に広域的な支援を行うことは、大洋州島嶼国の環境の保全と持続可能な開発に寄与し、これら諸国と日本の友好親善の増進につながるものと期待される。

2000年4月に宮崎で開催された第2回太平洋島サミットにおいて、宮崎イニシアチブおよび太平洋環境声明を発表し、日本政府は大洋州の国に対し、環境分野（廃棄物）を含む支援を行うことを提案し、会議の成果として盛り込まれた。

JICAはSPREPからの要請に応じる形で個別専門家の派遣と広域研修の実施を行うことにした。そして2000年12月にSPREPに専門家を派遣することになった。

## 1-2. サモアってどこ？（目的地）

太平洋の面積は地球上のすべての海の約半分にもなり、約2万5,000の島が散在しているといわれている。先進国のオーストラリアやニュージーランドを除くと、14の国と7つの地域（領土）が民族的に大まかにミクロネシア、ポリネシア、メラネシアの3つに分かれている。人口規模はすべて足し合わせても1,000万人である。したがって、パプアニューギニアのような一部の国を除いて、それぞれの国の人口は数万人から数十万人の国がほとんどだ。

太平洋の島々の一般的なイメージは南国の楽園だろう。椰子の木や白い砂浜や花が咲き乱れる明るいイメージがある。手つかずの自然が残り、珊瑚礁の海に潜ればマンタやウミガメ、さらには運が良ければジュゴンに出会うことができる。火山島では深い森に多くの野生生物が生息する。夜空

には日本ではなかなか見られないほどの無数の星が散らばっている。パラオ、グアム、フィジー、バヌアツ、フレンチポリネシア（タヒチ）などは特に観光地としても有名だ。しかしながら、現在のそんなイメージとは異なる歴史があることを知っておくことも重要だ。

日本と太平洋の島々とはさまざまな歴史的経緯で結びついている。第一次世界大戦後に南洋諸島と呼ばれるミクロネシア地域の島々を日本が委任統治することになった。この地域を行政管理するためにパラオのコロール島には南洋庁が設置された。大勢の日本人が移住して、日本語による教育も行われた。その後太平洋戦争が勃発し、パプアニューギニア、ソロモン諸島、キリバス、ミクロネシア地域などで激しい戦闘が行われ、多くの命が失われた。現地の人々が戦闘に巻き込まれたのは想像するに難くない。現在でも戦闘の跡が残っている。日本から遠く離れた南の島にはひっそりと慰霊碑がたたずんでいる。

2003年に、SPREPは太平洋戦争中に沈んだ船舶（軍艦や民間船舶）

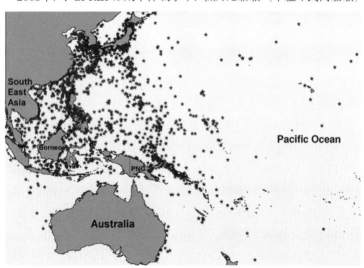

太平洋戦争中に沈んだ船舶(点)のデータベース　　　　　　　　　　　　出典：SPREP

のデータベースを作成した。それによるとこの地域には大小合わせて千数百隻の船が沈んでおり、海流などの変化により船舶に亀裂が生じ油漏れの危険性があるという。日本海軍の連合艦隊の基地があったトラック島（当時）のチューク環礁だけでも60隻が沈んでいるといわれる。実際に、これまでも2002年にヤップで、戦時中に撃沈されたアメリカ籍の油槽船から油が漏れ出してアメリカの海軍と沿岸警備隊が汚染処理を行った事例がある。2008年にはチューク環礁で同様の事件が発生した。このような戦争による負の遺産が現在でも現地に存在するのである。

ミクロネシア地域では今でも日本語を話すお年寄りがいる。日本の統治時代に日本語教育を受けた人たちだ。親日的に見えても、不幸な過去があることを忘れてはならない。パラオでは、若い青年海外協力隊員が派遣されて今風の日本語をしゃべっていると、「君たちはきちんとした日本語をしゃべりなさい」と高齢のパラオ人に日本語で注意されることがあるという。


今はインターネットで簡単に検索できるが、2000年当時はサモアを地図で見つけるのは難しかった。有名な観光地でもないし、小さいのだ。トラベルガイドもなかなかない。でも中高年には懐かしい歌がある。"サモアの歌（小林幹治作詞）"だ。♪青い青い空だよ雲のない空だよサモアの島

サモア位置図　　　　　　　出典：外務省

常夏だよ♪というあれだ。ポリネシア民謡が基になっているらしい。とにかく人口も島も小さい未知の国だ。サモアってどんな国だろう？

　サモアは南太平洋に浮かぶ人口18万人の小さな国だ。日本からはニュージーランド経由で20時間以上かかる。アクセスの決して良くないサモアにJICA専門家を派遣する理由は桜井の企画調査報告書にあるとおり、地域国際機関のSPREPの存在である。SPREPは1980年代に太平洋共同体（SPC）の下部組織として誕生し、その後、国家間組織として独立した。設立当初は事務局をニューカレドニアのヌメアにおいていたが、1990年代の後半に、組織としての独立を契機にサモアに移ることとなった。サモアの首都アピアで数年間の仮住まいの後、現在の場所（バイリマ地区）に本部が建設されたのが2000年の夏のことである。したがって、JICA専門家が派遣されたのはSPREPが新しい本部に移って数カ月後のことである。

　SPREPの役割は地域の国際機関として太平洋の環境保全と人々の生活の向上に寄与することだ。2000年当時は、SPREPはSouth Pacific Regional Environment Programmeの略称だった。加盟国には北太平洋の国々（グアム、北マリアナ、パラオ、ミクロネシア連邦、マーシャル諸島、キリバス）も含まれるため、Secretariat of the Pacific Regional Environment Programmeという名称に変更し、略称は慣れ親しんでいるSPREPのままとした。2004年のことである。SPREPの加盟国は2017年現在で26の国と地域だ。オーストラリア、ニュージーランド、フランス、アメリカにイギリスの先進5カ国を含んでいるが、日本は加盟国ではない。これも広域協力を進めるうえでSPREPとの連携が必要な理由である。

　桜井の提案した事業内容に沿って2000年の12月にJICA専門家（天野）が派遣されたのはSPREPの一部門である環境計画部である。部門長はオーストラリア人でその下にこじんまりと廃棄物と汚染を扱うチームがあり、ニュージーランド人のブルースがチームのとりまとめ役かつオーストラリアの有害廃棄物プロジェクト担当を兼務していた。フィジー人のセファーは

弁慶のような坊主頭の大男で、海洋汚染防止のプロジェクトを担当していた。もう1人のフィジー人のスレシュはEUの環境啓発プロジェクトの担当である。スレシュは2カ月後には国連環境計画（UNEP）に転職してナイロビに向けて去った。このチームの面倒を見るアシスタントとして若いサモア人のシーナがいる。このチームにJICA専門家が加わることになった。(p.203【BOX-6】参照)

## 1-3. 僕の名前はアリガトウ（遭遇）

　SPREPに派遣された翌年の2001年の10月、JICA専門家（天野）はサモアの環境局のメペロと連れだって、照り返しの強いビーチロードを歩いていた。2001年から始まった沖縄とサモアで交互に実施する廃棄物広域研修は、第1回は2001年に沖縄で、第2回は2002年の2月から3月にかけてサモアで研修の受け入れをやることになっていた。このサモアでの広域研修の準備のために、ごみ収集の契約を担当している環境局の職員に会うためである。サモアでは家庭から出るごみの収集は契約で民間業者に委託されていた。広域研修ではタイムアンドモーションスタディという調査を行うことにしていた。この調査はごみ収集車の後を追いかけながらごみ収集作業に関するデータを取り、同時に安全や生産性の観点からごみ収集作業の改善を行うことが目的である。したがって、収集業者の協力が必要であり、収集業者との調整を契約担当者に依頼することにした。メペロと専門家がこれから会いに行く職員はごみ収集だけでなく、環境局のすべての契約を取り仕切っている人物である。

　しばらく歩いていると、鉢合わせするように、裸足で歩道を足早に歩いているがっちりした若者とバッタリ出会った。彼がその人物である。第一印象は爽やかなナイスガイである。早速彼の事務所に戻った。彼は「ワタシノナマエハ、ミスターサンキューデス」とたどたどしい日本語で自己紹介した。名前はファフェタイ。サモア語でアリガトウという意味だ。したがって、

「僕の名前はアリガトウです」となる。

ファフェタイはJICAの研修で日本を訪れたことがあり、日本語での自己紹介もそのときに覚えたものである。年齢は20代後半らしい。もともとは森林関係が専門で、JICAの研修では森林や自然環境のデータベースを構築する技術を学んだとのこと。研修の一環で北は北海道から南は沖縄の西表島まで訪問した。後で聞いた話ではあの太い指でピアノが弾けるとのこと。日本に行く前はパプアニューギニアの工科大学で森林学を学んでいる。サモアンカレッジ（高校）時代にはラグビーのジュニア代表選手でもあった。

彼の事務所で、翌年行う廃棄物の広域研修の概要を説明し、民間業者との調整を依頼した。すぐにこちらの意図を理解し、ごみ収集業者の協力を取り付けるべく動いてくれた。研修時のごみ収集のルートマップや集合場所など、詳細についての資料を後日作ってくれることになった。ファフェタイは、このときはまだ直接廃棄物と関わっているわけではなかった。

これがその後にこの専門家との長い付き合いとなる出会いであることを当時は知るよしもない。

若き日のファフェタイ（2002年）　　　　　　写真：筆者

## 1-4. 広域研修と協力隊（訓練）

桜井の提案した大洋州の国への協力が始まることとなった。サモアの

第1章 船出

SPREPへの専門家派遣に続いて、2001年2月に第1回目の廃棄物広域研修が沖縄で開催された。参加者は対象14カ国のうち、パラオ、ソロモン諸島、ツバルを除く11カ国からの11名である。11人のうち中央政府関係者が8名、自治体関係者が3名である。年齢は27歳〜52歳で、平均年齢は39歳。

　この研修コースは広域協力の1つのコンポーネントであり、まず協力ネットワークの構築を目指していた。このため、当時のJICAの他のコースではあまり例のなかった研修のホームページを立ち上げ、最初の3日間にIT研修を実施し、メーリングリストを準備した。そうすることによって研修期間中も研修員同士や講師を含めたコース関係者間で意見交換を行う仕組みにした。当時（2001年）はインターネットやパソコンが今ほど普及しておらず、太平洋から来た研修員のネットワーク作りにはまずIT技術の訓練から始める必要があった。実際、第1回目の研修では最終日のアクションプランの発表でパソコンを使用したのは11人中3名だけであった。

　桜井は太平洋から来た途上国の研修員たちに対して『適正技術』という考え方を浸透させようとしていた。簡単にいうと適正技術とは持続可能な技術のことである。『身の丈に合った技術』と言い換えることも可能だ。とかく途上国は先端技術を欲しがる傾向がある。さらに、社会的、文化的、地理的な要因で適用が難しい技術もある。例えば福岡方式（陸上埋立）は海岸線にごみを埋め立てる環礁低地には適用が難しい。日本の自治体で一般的な焼却処理も小さな島嶼国での適用には多くの障害がある。資源（人・モノ・金・土地）の限られている島嶼国では " Do more with less.（限られた少ない投入でより多くのことを成すこと）" で生産性を高める努力が必要だ。

　研修講師としてコースリーダーの桜井（沖縄大学）の他に福岡大学教授の松藤康司、世界保健機関西部太平洋事務所の小川尚、沖縄大学教授の宇井純などの第一線で活躍する講師陣に加えて、『沖縄リサイク

27

ル運動市民の会』（古我知浩代表）や『沖縄アースの会』などのNGOの協力を得た。講義はなるべく実用的な手法を伝えることを重要視している。桜井のタイムアンドモーションスタディによるごみ収集改善、松藤の福岡方式（準好気性埋立）によるごみ埋立地の改善、小川のごみ量ごみ質調査のほか、日本の負の経験である水俣病などの公害問題を宇井が担当した。

　研修は浦添市にあるJICA沖縄センターで実施される。研修員は全員センターに宿泊し、外部の視察を除けばセンター内の施設で講義が行われる。沖縄の気候風土は太平洋の研修員たちにとってまったく違和感はない。沖縄の人は外から来た客人も分け隔てしない。それは太平洋の多くの国と同じだ。

　『沖縄リサイクル運動市民の会』の古我知は、リサイクルという言葉自体が普及していなかった1980年代からリサイクルを含む環境問題に取り組んできた。JICAの研修の中では小学校でのごみ教育プログラムである『買い物ゲーム』を通じてごみ問題を啓発している。また、『沖縄アースの会』は主婦を中心としたグループで、日常に根ざしたごみの発生抑制や減量化に取り組んでいる。那覇市のリサイクルプラザの運営も任されている。意識の高い市民グループの協力を得て、研修員にさまざまな情報や身近な技術が伝えられるのである。

　研修の訪問地の1つに沖縄の離島が含まれていた。沖縄の離島のごみ処理の地理的、社会的、文化的な条件が多くの太平洋の島嶼国と似ているからである。しかしながら、沖縄の離島と太平洋の島々との大きな違いは財政的、技術的な能力である。沖縄の離島では政府の補助金によって高額な施設が建設可能だが、同じような施設を建設し、維持管理するには途上国には大変ハードルが高い。高度な施設には多額の費用が必要であることを理解させることも必要だ。沖縄の離島の廃棄物処理は" Do more with less "からすると途上国にとっての反面教師でもある。

第1章　船出

沖縄での第1回廃棄物広域研修（2001）の研修員たち
写真提供：桜井國俊

　離島での研修では、昼間の研修が終わると研修員はそれぞれが連れ立って夜の街に繰り出す。この島では公共工事のために小さい街ながらたくさんの飲み屋がある。離島といっても沖縄だ。研修員はすぐに現地の人々と仲良しになり、ギターを弾きながら一緒にカラオケを歌う。そして、言葉の通じない中で『島唄』を日本語で憶えて帰ってくる。

　翌朝にはタイムアンドモーションスタディで、研修員たちは目抜き通りでごみ収集車の後をぞろぞろと歩いて作業を観察する。途中でフィリピン人の女性たちが歓声を上げる。島の中で唯一英語の通じるバーがある。昨晩のお客さんに手を振っているのである。

　こうして研修員は施設見学や現地の人との交流を通じて沖縄の離島の状況を理解する。

　1カ月の研修期間中にはいろいろな事件が起きる。太平洋の島々は元々アルコールの文化はない。外から持ち込まれた比較的新しい文化だ。したがって、飲み始めると楽しくなって際限なく飲み続けることがある。国によっては給料日には酒屋を強制的に閉めるのだそうだ。ある日、JICA沖縄センターの食堂横にあるビールの自動販売機の周りに太平洋から来た何人かの研修員が車座に陣取って飲み始めた。翌朝、自動販売機は空になっていた。

また、環礁低地のキリバスから来た研修員はホームシックにかかった。キリバスのタラワ環礁は紐のような島だ。細長い土地が数十キロも続く。広いところでも幅はせいぜい数百メートルしかない。山も川もなくまったくの平坦地である。沖縄のように大きな土地は馴染まないのか、それとも家族と離れて寂しかったのか、数日自室に引きこもっていた。ところが、研修最終日にはスーツに着替えて、やっと国に帰れるという喜びから満面の笑顔で出てきた。

　ポリネシアには入れ墨文化がある。またメラネシアでは古くは人肉を食した。そのための道具が民芸品になっている。フィジーからの研修員はそれを訪問した小学校の生徒にお土産として渡した。また、サモアの研修員はお礼に上半身裸になり入れ墨を見せながら踊った。通訳泣かせである。

　研修員は休日には沖縄の観光も行う。首里城を見て、かつてここに王朝が存在し貿易の中継地として栄えたことや本土とは異なる独特の文化があることなどを学ぶ。研修の最終日には屋外の作業のあと、お別れにNGO沖縄アースの会の女性たちと島唄を合唱する。そこに米軍のヘリコプターの一群が上空を横切る。すさまじい轟音に研修員は驚き、負けじと大声を張り上げる。そうして沖縄が抱える基地問題の一端を身近に感じるのだ。JICA沖縄センターのある地区もかつて激戦地であったとの説明を思い出す。同じ島国の住民という感情もあってか、アメリカ嫌いになって帰って行く研修員もいる。太平洋の島国では一部を除いてほとんどの国が軍隊を持っていない。

　翌年の2002年には同じような内容の研修がサモアで行われた。研修参加者は11カ国14人だった。前回参加できなかった、内戦の終わったソロモン諸島とツバルから新たに参加があった。ニウエ、ナウルは人材の層が薄く、昨年と同じ候補者であったために招聘を断念せざるを得なかった。また、パラオは再三の参加勧奨の呼びかけに回答がなかったため不参加である。太平洋の国の規模は小さいが、その中でも規模の違いによって人材の層の厚みが大きく異なり、かつ人材の移動や流出によって定着が難しい。廃棄物は好まれない職場であるからなおさらだ。

サモアでは日本と違って廃棄物管理もうまく行われていないし、施設も機械も足りない。そのような場所で研修を行うことはさまざまな制約がある。しかし、逆に考えれば、あれもこれもない中でどのように改善が行えるのかという実践的な研修が可能だ。先進国で行う同様の実習からは見えてこないいろいろな興味ある課題が浮かんでくる。例えば、研修員自身も昨年は日本の収集作業の手際のよさに感心することが多かったが、サモアでの非効率的な収集作業は極めて身近に感じられる。その結果として研修員が多くの提案や提言を行い、その中のいくつかをサモアでのごみ収集のための新たな契約の中に生かすことができた。

途上国の行政官は現場に行かず事務所で一日中過ごすことが当たり前と思っている。現場に行くのは下っ端の作業員で自分の仕事ではないと思っている。ところがこの研修では彼らに手を汚すことを要求する。家庭から出てきたごみをビニールシートの上で、彼ら自身が手作業で分別し、重さを量る。そうやって、ごみ質や1人当たりの排出量などを知ることができる。中には嫌がって手を出さない研修員もたまにいる。口ばかりで手の動かない者もいる。汚い作業を嫌がらずにやるかどうかで、ごみに対する意識も理解も変わってくる。

ごみ収集の改善を図るタイムアンドモーションスタディはファフェタイの周到な準備のおかげで無事に実施できた。沖縄で実施した研修のように収集したごみの重さを量るウェイブリッジ（車両ごと重さを量る計量台）は設置されていないが、収集したごみ袋の大きさや数を記録することによってある程度の数値化は可能だ。

ごみ処分場の研修では研修員たちは現地で容易に入手できる材料や廃材を利用した改善にいたく感心した。先進国の事例は、研修員にとってはある意味で絵空事に過ぎない。財政基盤の脆弱な途上国にとって、高価な材料を身近で安価な材料や廃材で代用する方法は持続性という観点から見て非常に重要なことである。

この時のサモアの広域研修に初めてマーシャル諸島（土山人一隊員）とミクロネシアのヤップ（多和史人隊員）の青年海外協力隊員2名を招聘した。広域研修に地域内の環境分野の協力隊員を招聘するアイデアをJICA本部に投げかけたところ、当時そのような制度はなかったにもかかわらず、協力隊事務局の宮田尚亮と大洋州課の天池麻由美が前向きに動いて実現した。参加した2名の隊員も帰国後に目覚ましい活動を行ったため、派遣元である協力隊事務局からも広域研修への隊員招聘は好意的に受け止められた。研修の講師陣も若い青年海外協力隊員を将来の専門家候補生として育成するためにもこのような貴重な経験の機会を与えることは重要であると考えた。

　これ以降、サモアで行う広域研修に青年海外協力隊員を招聘することが定例となった。2004年には研修の直前に協力隊員の他国での研修が制度に加えられた。その第1号として隊員6名をサモアに招聘した。その後も大洋州の廃棄物分野の協力の際にはできるだけ協力隊員を招聘することを継続している。2004年の研修に参加したのはフィジーから木邑優子、ミクロネシアから小田俊行、パラオから廣瀬まき子、マーシャルから福田幸司と清水功、バヌアツの根崎俊の各協力隊員である。いずれも派遣された職種はバラバラでも各国でごみ問題に取り組んでいた隊員たちだ。2007年には3名を招聘、2008年には協力隊員だけで企画して7名がサモアに、2010年には12名がフィジーに集合した。さらに、研修に参加していない多くの協力隊員もプロジェクトと活動をともにした。こうした人材が後に専門家として活躍する。ずっと後に2011年から開始される大洋州地域廃棄物管理改善支援プロジェクト（通称J-PRISM）には、フィジーのユリエ（川畑友里江）、サモアのリサ（村中梨砂）、バヌアツのマコ（築地淳）といった太平洋の国の協力隊経験者が専門家として戻ってきた。そして、バヌアツのスン（根崎俊）もJICAの職員となり、後にJ-PRISMを担当することになる。これが巡り合わせだ。

## BOX-1　カヴァボーイ

バヌアツの村人たちは彼のことを「スン」と呼んだ。正しい名前は「俊（シュン）」なのだがローカルの人たちには発音が難しかった。なので「スン」になった。

スンは青年海外協力隊で村落開発普及員としてバヌアツに派遣された。2002年のことである。

スンの故郷は茨城県。高校時代に岩村昇医師のネパールの山村での医療活動に感動し、講演会にも行った。いつか自分も途上国で活動したいという夢が芽生えた。

大学で人口問題やスペイン語を学び中南米に興味を持った。就活で医療機器メーカーに内定したが、電車の中吊りの青年海外協力隊のポスターに惹かれて説明会に行ってみた。友人に誘われて試しに応募したら合格し、メーカーの内定を断った。ところが、中南米のはずがバヌアツに派遣されることになる。どこにあるのか世界地図で探すと、散々探したあげく、右手の小指に隠れていた小さな島を見つけた。「なんだ、ここかよ」

バヌアツ位置図　　　出典：外務省

スンの住む家は村人たちが竹を切ってきて作ってくれた。スンは村人とよくカヴァを飲んだ。太平洋の島々にはもともとアルコールの文化は

ない。アルコールを飲むとハイになるが、カヴァはローになる。カヴァはコショウ科の木の根っこから抽出する。味はひどくまずい。ドロドロに溶いた太田胃散のようだ。これをココナッツの中の固い殻を半割にした容器で飲む。鎮静作用があるため飲むとローになる。飲み過ぎるとドロ～ンと酩酊する。肝臓の機能に障害を与えるという説もある。でも病みつきになる。

　スンの村には少ないが、首都のポートビラには、ナカマルと呼ばれるカヴァバーが200軒近くあるといわれている。夕方から人が集まってくる。カヴァを飲むと光が眩しくなる。それで、夜になるとカヴァバーはとても暗い。野外の椅子に座ってあちらこちらでボソボソと語り合う低い声が聞こえる。平和だ。

　太平洋の島々には大きく2つの異なる習慣がある。カヴァとビートルナッツである。

　カヴァを飲む文化はサモアやトンガなどのポリネシアの島とバヌアツ、フィジーのメラネシアに加えてなぜかミクロネシアのポンペイもだ。ポンペイではカヴァではなくサカオと呼ばれている。他方のビートルナッツは、檳榔樹の葉に石灰やタバコを混ぜて噛む習慣で、パプアニューギニア、ソロモン諸島にミクロネシア地域のパラオ、ヤップ、ポンペイ、コスラエなどで盛んだ。ビートルナッツを噛むと化学反応で口の中が真っ赤になる。まるでドラキュラだ。噛んで出てくる赤い汁はそこら中に「ペッ」と吐く。したがって、歩道や公共の床は赤いスポットで埋まる。まるで血の跡のようだ。

　でも、パラオでは少しお行儀が良い。みんなマイ缶やマイペットボトルに吐く。会議中も口の中で大抵もぐもぐとして、手元の缶やボトルに「ピュッ」と吐く。

　パプアニューギニアではマーケットでビートルナッツの売買が禁止された。それで少し街はきれいになった、気がする。

第1章　船出

　スンは村人から愛されている。人気者だ。だから、「うちの娘はどうだ？」と勧められる。でも遠慮する。なにしろバヌアツ事務所のHさんに憧れているから。

　スンの村でもごみ問題がある。昔はモノを捨てても土に還った。今ではそういうわけにはいかない。プラスチックや缶がきれいなビーチに散乱している。乾電池も投げ捨てられる。

　どうしたらいいか悩んでいた。ある日、スンはHさんからSPREPに廃棄物のJICA専門家がいることを聞いた。早速メールを出してみた。返事は良く覚えていないが、できることをやればいいということのようだった。それで、バケツに使用済みの乾電池を集めた。みんなでビーチのごみ拾いもやった。ビーチがきれいになった。それでさらにスンの株が上がって、紹介される娘の数が増えた。

　2004年の2月、スンはサモアにいた。他の5人の協力隊員も一緒だ。フィジーの木邑、パラオの廣瀬、ミクロネシアの小田、マーシャルの福田と清水である。みんな任国でごみ問題に取り組んでいた。彼らは配属先のカウンターパートとともにサモアで開催されている廃棄物の広域研修に参加していた。1カ月ほどの研修だ。スンは保健省の担当者と一緒に来た。研修の中では野外のトレーニングがあった。ごみ収集車の後を追っかけるタイムアンドモーションスタディ、コンポストの現場見学、ごみ量ごみ質調査、それに一番面白かった福岡方式のトレーニングなど。福岡方式のトレーニングは、改善されてきれいになったタファイガタの現場で廃タイヤ、ドラム缶、竹などの現地の材料を使って準好気性埋立の原理を学ぶ。スンはいつもの調子で短パンにビーチサンダルという格好で現場に現れた。そして講師の松藤教授（福岡大学）にこっぴどく叱られた。現場は危険に満ちている。

　スンはバヌアツでの2年の任期を終えて日本に戻り、再び就活を始めた。興味のあった福岡方式を学びたくて福岡大学の大学院を受け

サモア広域研修での福岡方式トレーニング(2004年)
写真提供：JICA

て合格した。新聞社の採用試験にも受かった。でも最終的にJICAの職員となる道を選んだ。やっぱり途上国と関わりたかったからだ。

　JICAに入っていくつかの部署を経験した後、本部の地球環境部に異動した。やっと念願叶ってJ-PRISMの担当になる。サモアの研修からずっと後の2012年のことだ。

## 1-5. 研修員のフォロー（点呼）

　「知らぬが仏」

　SPREPに配属された専門家の役割の1つが、広域研修の参加者の帰国後のフォローを行うことだった。2001年の最初の沖縄研修の後、専門家（天野）はサモアからいくつかの国を初めて訪れた。

　出張に出発する前になってポリネシアン航空が便をキャンセルしたため、ニュージーランド経由でフィジーのナンディに入った。2時間で行けるところが12時間かかり、いきなりこの地域を旅行することの困難さを思い知らされた。フィジーのナンディに到着すると色の黒いインド系フィジー人の存在がどうしても目立ってしまう。特にタクシー運転手はほとんどがインド系だ。ナンディで2泊し、キリバスに向かう。

第 1 章　船出

キリバス位置図　　　　　　　出典：外務省

　キリバスはたくさんの島から成っている国だ。東西は4,000kmに散らばっている。その首都がタラワ環礁にある。延長約60kmの珊瑚礁の島である。フィジーのナンディから飛行機で3時間だ。サモアから事前にキリバスの元研修員に連絡を取った。あのホームシックにかかった研修員だ。彼が空港に迎えに来ることになった。ナンディを飛び立って眼下に延々と続く海の景色に飽きたころ、突然「く」の字型をした細長い環礁が見えてきた。飛行機は徐々に高度を下げて旋回する。滑走路があるとわかっていても直前まで海しか見えない。ドンッという音がして着陸した。

　空港ターミナルまで飛行機が移動する。後ろを見るともう自転車と犬が滑走路を横切っている。のどかだ。
　空港の建物は一言でいえば木造のバラックだ。途上国でも近代的な空港が増えている中で、いかにも途上国ですといった趣がある。
　ところが入国審査で問題が起きた。ビザは到着時に50オーストラリアドルを払えばその場で取得できる。あいにくと米ドルの持ち合わせしかないのでいくらかと聞くと、米ドルではダメだとの返事。では銀行で両替して払うというと、空港には銀行がないとの答えが返ってくる。

37

キリバスのタラワ環礁　　　　　　　　　　　　写真：筆者

「え？銀行はないんですか？」

「払わないと君を入国させるわけにはいかない」

「じゃあ、米ドルを置いていきます。後で両替して必ず持ってきますから」

「お金を置いて行かれても困る。仕方ないなあ。入国させるから街の事務所で払ってくれ」

　入国審査を終えて荷物を取りに行く。もちろん荷物のターンテーブルなどない。税関検査を受けて外に出る。大勢の人が出迎えに来ている。研修員の顔を探すがいない。仕方ない、ここはパシフィックだ。そのうち来るだろうと30分待った。来ない。1時間待った。まだ来ない。当時は携帯電話などない。他のお客はみないなくなった。街に行こうにもタクシーはいない。知らないおじさんが彼に声をかけた。

「どうしたの？誰か待ってるの？」

「実は、かくかくしかじかで、……」

「じゃあ、俺がホテルまで乗せてってやるよ。でもその前にちょっとやることがあるので、ここで待っててくれ。すぐに戻ってくるから」

　ありがたい。お礼を言って待つことにした。

　30分待った。戻ってこない。1時間待った。まだ戻ってこない。だんだん暑さで気分が悪くなってきた。体が熱っぽい。

様子を見かねてまた別のおじさんが声をかける。

「具合が悪そうだね」

「実は、かくかくしかじかで、……」

「わかった。じゃあ、一緒にバスに乗ろう。バス代は貸してあげるよ。ホテルに着いたら両替して返してくれればいい」

小さな乗り合いバスにギュウギュウ詰めになりながら2人はホテルの近くで下ろしてもらう。ホテルで両替してバス代の往復とお礼を手渡した。

チェックインして部屋に入ると急に高熱が出てダウンした。数時間眠って少し気分が良くなって、ホテルから研修員に電話をかけた。

「なんで迎えに来てくれなかったんだ？」

「家族の用事ができたので…」

「空港で2時間も待ったよ」

「それでどうしたんですか？」

「知らない人が親切にもホテルまで送ってくれた」

「それはよかったですね」

「…」

キリバス人は約束を守らない人種なのか？でもよくよく考えるとそうではなさそうだ。要するにものごとの優先順位の問題だ。キリバス人は優しい人たちなので「No」と言わない。そうすると、どこかで約束やしなければならないことが重なってしまう。そのときに、彼らは家族や親戚の方を優先するのだ。

JICAの研修では学んだことを実践するためにアクションプランを作成することになっている。キリバスの研修員が沖縄で作成したアクションプランはごみの埋立地の改善だ。研修で学んだ『福岡方式』を適用したいということだった。ところがキリバスは環礁低地で土地がないために海岸線の海にごみを埋め立てている。これでは福岡方式の適用はできない。研修員は自国の条件を考えず、中途半端に理解したことをアクションプランとして作成してしまう。困ったものだ。

キリバスは大洋州地域でも最も貧しい国の1つで、交通の便も悪く、インフラも整備されていない。キリバスやマーシャル諸島のような環礁低地ではごみを海岸線に埋めている。なにしろ土地がないので陸地には埋められない。海岸線に簡易の護岸（壁）を作ってその中をごみで埋める。中の空間がごみで一杯になると新しい土地になる。現地の人々は海にごみを埋め立てるのに抵抗がない。

　タラワ環礁の海岸線には砲台の跡がある。『タラワ、マキンの戦い－海軍陸戦隊ギルバート戦記』によると、太平洋戦争でこの地では軍属や民間人を合わせて5,000人が玉砕したらしい。環礁低地では隠れることも逃げることもできない。太平洋には知らなかった戦地がたくさんある。

　キリバスのタラワからマーシャル諸島のマジュロへはマーシャル航空の小型プロペラ機が就航していた（当時）。チェックインの時に荷物と一緒に体重を量る。なるほど飛行機はいかにも頼りなく小さい。客席は8人ほどで満席。操縦席の後ろは大きなクーラーボックスを2つ積んでいる。魚介類の強い匂いがする。日本人が1人とあとは中国人らしき乗客が4人。トイレもない。客室乗務員もいない。当然、朝食も出ないし、水ももらえない。この窮屈な状態で2時間の飛行だ。

　短い滑走からスッと空に上がると、プロペラのブーンという騒音と規則的

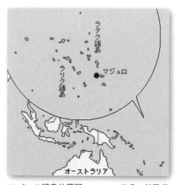

マーシャル諸島位置図　　　出典：外務省

第1章　船出

な細かな震動が伝わってくる。燃料油の臭いもする。大きな飛行機は単に部屋ごと移動している感じなのに、これほど小さい飛行機は空に浮いているという臨場感がある。窓の外は、海、海、海。どこまでも海と雲の退屈な景色が続く。

　突然、遠くで雷鳴が響く。右前方に、巨大なチョコレートパフェのような積乱雲が少しずつ迫ってくる。飛行機は迂回するように左に旋回を始めた。触らぬ神に祟りなしだ。

　上空から見るマーシャル諸島のマジュロ環礁はタラワ環礁よりももっと小さく細い。まさに長細い紐を海に浮かべたようだ。初めての乗客が、こんな島のどこに着陸するのかと訝（いぶか）っていると、飛行機はぐんぐんと高度を下げる。「海面に激突する！」と乗客が目をつぶる寸前でドシンと衝撃があって、外に滑走路が見える。滑走路のすぐ横は海だ。

　マジュロはアメリカの影響を強く受けているように見える。大きな建物や工場があり、道路もコンクリート製の側溝に鋼製のグレーチング（道路の排水路にかける格子状の蓋）がかかっている。物質の豊かさはキリバスの比ではない。環礁の内海にはたくさんのコンテナ船が停泊している。車も左ハンドルのアメリカ車が多い。日本では山奥や人目につかない林の中に廃棄自動車や冷蔵庫などが投棄されているが、ここでは隠す場所がない。

マーシャル諸島マジュロ環礁と海岸のごみ埋立地（2001年当時）　　　　　　　　写真：筆者

41

堂々とラグーンの浅瀬に捨てられている。

　マーシャル諸島の中にはビキニ環礁の原水爆実験により強制移住させられた人々が住んでいる島がある。被爆補償基金や自由連合協定によるアメリカからの多額の財政支援の恩恵を受けている一方で、アメリカ文化の流入によりさまざまな問題を生じている。

　沖縄の研修に参加したマーシャル諸島の研修員の実際の担当は建物や道路などのインフラの保守で、沖縄で作成したアクションプランである環境教育とはかけ離れた業務である。日常業務に忙殺され、完全に意欲を失っている。本邦研修（途上国の関係者を日本に招いて行う研修）のアクションプラン作成は往々にして作成すること自体が目的化してしまう。いくら研修で学んだものであっても、自分の担当業務と異なる分野でアクションプランを作れば実施に至らないのは明らかだ。また、もともと廃棄物と関係ない研修員を送り込んでくる場合もある。例えば、翌2002年のサモアの研修に参加したマーシャルの研修員はなんと警察官だった。応募の際の経歴書には行政官としか記載されていなかった。

　研修でどんなに良いプログラムを計画・実施しても研修員の選抜が適切に行われなければまったく無駄になってしまう。研修員の選抜、アクションプランの作成と実施は、その後も課題として残っている。JICA全体の問題でもある。

　マジュロからサモアに戻るには、ハワイまで直行し、ハワイで約17時間の乗り継ぎでサモア行きに乗り換える。夜行便で眠い目をこすりながら窓の外を見ると暗い中にこうこうとした灯りが近づいてくるのが見える。ホノルルだ。まさに光の塊だ。先進国と途上国の違いは光の量の違いともいえる。小さな島嶼国からハワイを訪れると、その圧倒的な物量に飲み込まれてしまう。人間の営みはとどまるところを知らず、あらゆる瞬間にごみを排出し続ける。廃棄物問題はインフラ整備と異なり一度に解決することはできない。走り続けなければならない。そこが廃棄物問題の困難なところである。

## 1-6. ナンディの密談（羅針盤）

2002年12月、サモアのタファイガタの改善工事のやり方を現場で短期間指導した後、天野は国際保健機関（WHO）の医療廃棄物管理の研修に招かれてフィジーのナンディへ飛んだ。フィジーへの出張はWHOの研修参加とは別にもう1つの重要な理由があった。外務本省から要請されていた大洋州課の尾池厚之課長との面談である。当時外務省の大洋州課は2003年の島サミットに向けて大洋州への廃棄物分野の協力の大きな枠組みを作れないかと模索していた。天野は以前から外務本省の担当官から地域のマスタープラン作成の相談を受けていた。だが、SPREPに派遣されて地域の状況を見る限り、戦略や計画ばかり策定されても一向に実施さ

フィジー地図　　　　　　　　　　出典：外務省

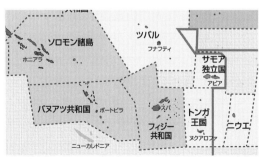

フィジーとサモアの位置図　　　　出典：外務省

れていないことがよくわかった。単なる地域のマスタープラン策定にはネガティブな印象を持っていた。計画倒れになる恐れが高いからだ。

　WHOのワークショップが終わって、本省から出張中の尾池とナンディのレストラン『大黒』で面談した。酒を呑みながら地域の廃棄物事情や日本の協力の在り方について意見交換を行っていた。尾池の考えは明確で、長期的な視点での日本の協力を考えていた。

　「外務省には毎年のように大洋州の小さな国からの要請が別々に上がってくるんです。そういった要請に対していちいち個別に対応するのは無理があります。要請を1つずつ取り上げて個別に検討・採択するのではなく、日本が地域のマスタープランを策定し、そのマスタープランに沿って地域レベルで日本が協力するような枠組みにしたいんです。そうすればマスタープランの実施を通じて各国への裨益が可能になります」ということだった。

　マスタープランの実施を日本が支援するということであれば『絵に描いた計画』ではなく、実行に移される可能性が高い。

　「そういうことであれば是非やりましょう」と賛同した。

　日本側で3月上旬までにマスタープランを作れないかということで、時間が限られているため、地域の廃棄物の状況に詳しい適任者を推薦した。元同僚でSPREPの任期を終了したばかりのニュージーランド人コンサルタントのブルースである。その後ブルースはニュージーランドの日本大使館とコンサルタント契約を結び、地域の廃棄物戦略案の策定作業に入った。2003年1月の沖縄研修に合わせてブルースが沖縄を訪問し、沖縄大学桜井教授、WHO小川専門官、SPREP（フランク）、JICA本部（三村悟）およびJICA専門家（天野）を加えて会議を開いた。この席でブルースが策定したドラフトをベースに議論し、策定する地域戦略案の方向性を確認した。

　2003年の3月に、島サミット前の準備会合である首脳補佐官会議が東京で開催される。ここで日本側はSPREP代表を通じて、新たに策定した廃棄物地域戦略案を提示し、地域の承認を得ることを考えていた。しかし

ながら、大洋州側から承認を得ることはできなかった。これは案の策定を短期間で行わなくてはならず、時間的な制約で日本側およびSPREPが大洋州各国に対して事前に十分な協議や根回しができなかったことが原因である。地域廃棄物戦略のオーナーシップの問題から大洋州側が承認することに難色を示したということだ。

会議で合意されたのは、島サミット後にSPREPが取りまとめ役になって各国と協議を行いながら地域戦略案の最終化を行うということだった。ところが、当時のSPREPにはスタッフも資金の当てもなく、作業はずるずると遅延した。その間にも外務省にはいくつかの二国間の協力要請が上がっていた。日本側は地域廃棄物戦略の策定を早急に進めるための支援が必要との結論になった。

2005年にニュージーランドの日本大使館がSPREPを支援し、地域廃棄物戦略案の見直し作業を促進することになった。これにより、SPREPは地域内で一連の協議ワークショップを開催し、やっと地域廃棄物戦略『Pacific Regional Solid Waste Management Strategy 2005-2015』の策定にこぎつけた。この地域戦略は同年9月のSPREP年次総会で正式に承認された。ようやく長年の懸案であった戦略が地域の廃棄物管理の方針を決めるバイブルとして成立した。最初の日本案の提示から最終化と承認まで2年半を要した。日本が広域協力で地域レベルで地域戦略の実施を支援するという背景がやっと整ったのである。このときすでにパラオとバヌアツで二国間での協力（技術協力プロジェクト）の実施が決まっていた。

## 1-7. 福岡方式のモデル（プロトタイプ）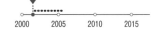

SPREPに派遣されたJICA専門家の役割は、サモアで広域研修を実施すること、研修後に各国からの研修員の活動を支援・フォローすること、サモアでまず優良事例を積み重ねることだ。

2001年の最初の沖縄研修にサモアから参加した職員は帰国後早々に

別の部署に異動となった。人材の移動が激しい太平洋の小さな国ではよくあるパターンである。彼の後を引き継ぐことになったのが若いメペロである。タファイガタ処分場の改善はメペロが計画することになった。メペロは2年後（2003年）の沖縄の研修では、当時の横綱貴乃花に似ているといわれ、沖縄アースの会の女性陣の人気者となる。

　サモアのタファイガタ処分場も典型的なオープンダンプだ。ごみをただ投棄しただけの管理されていないごみ処分場のことである。臭いもきつく、ハエやネズミなどが生息し、不衛生極まりない。またごみから出る汚水は垂れ流しで地下水や周辺の土地を汚染する。要するに人にも環境にも悪影響を与える原因となる。そのようなオープンダンプを改善するためにはその周辺の地形や地質を知る必要がある。そのため、専門家（天野）はメペロと地形測量や地質調査について何度か話し合った。そうして、2001年の7〜8月頃にメペロの所属する国土地理環境省の測量部門に地形測量を、また気象局に地質ボーリングをそれぞれ委託した。

改善前（2002年当時）のタファイガタ処分場　　　写真：筆者

　タファイガタ処分場は1992年に開設された。それまで海沿いにあった埋立地が周辺住民の反対で閉鎖せざるを得なくなり、内陸の政府の用地に移設した。移設とは名ばかりでただのオープンダンプを移動しただけの劣悪な状況である。タファイガタには常時20人前後のウェイストピッカー（捨て

られたごみの中から有用な物を拾って生計を立てる人々）がいて、部外者に対しては大きなブッシュナイフをちらつかせて威嚇した。劣悪なオープンダンプのある『タファイガタ』の地名は、皮肉にもサモアの昔話の伝説的な勇猛な戦士にちなんでいる。専門家（天野）もタファイガタを初めて訪問したときはウェイストピッカーたちの冷たい洗礼をうけた。2回目には先に「マロ！（こんにちは）」と声をかけたところ、「マロ！」という声と笑顔が返ってきた。それ以来、幾度となく現場を訪れ、ウェイストピッカーとは顔見知りになった。

　サモアには日本の無償資金協力の工事を行った経験ある業者が数社あるものの、このような処分場の改善工事は過去に例がない。しかも日本独特の技術である福岡方式（準好気性埋立）で改善を行うことにしていた。したがって、一般競争入札にするとどれだけ工事費が高騰するかわからないので専門家の直営による工事で行うことにした。

　処分場改善経験のない業者を採用せざるを得ないため、業者に依頼する見積りは工事費の見積りではなく、業者が提供するそれぞれの資機材の単価見積りとした。この時（2002年7月）の積算価格は約2,000万円である。環境影響評価（EIA）に関しては、1992年にタファイガタが処分場として使用されるときに40ヘクタール全域についてEIAを行っているため、国土地理環境省の判断で改善工事についてのEIAは免除されることになった。

　サモア事務所と協議を重ね、本部に予算申請を送付したが、それまで個別専門家の在外事業強化費で1,000万円を超えるような土木工事を行うことは例がなかった。

　その頃、サモア事務所から予算申請を受け取ったJICA本部の地域部の担当の天池は予算獲得のために奔走していた。一介の個別専門家が多額の工事費を要請することは本部でも前例がない。そのため外務本省との協議やJICA内部の承認を得るために天池が1人で苦労していた。

彼女はアメリカの大学卒業後ニューヨークの日本貿易振興機構（JETRO）にしばらく務めた後にJICAに入った中途採用組である。JICAの体質は良きにつけ悪しきにつけお役所的であり、前例がないことは容易に承認されない。それでも天池は関連部署を辛抱強く説得に回った。そうして10月下旬になってようやく予算承認がおりた。

　サモアの数社の業者の見積りを比較し、落札業者を決定した。2002年の11月に契約を交わし、現場でファフェタイやメペロとともに建設業者（ブルーバード）の社長ヘンリーと具体的な工事の進め方などが話し合われた。ブルーバードはサモアで一番の建設重機を所有する大きな会社だ。

　改善工事の内容をビデオで撮影するためにビデオの業者とも現場や事務所で何度も打合せが行われた。小型のセスナ機をチャーターして改善前の状況を上空から撮影した。丁度上空から撮影する前日に、タファイガタ処分場の一部に火災が発生する。撮影当日はモクモクと上がってくる煙で、上空から劇的な映像が撮れたため、「誰かがわざと火をつけたのではないか？」とリコが冗談半分に笑った。リコはビデオ制作業者社長兼ディレクターである。リコは専門家と何度となくビデオ作製のための打ち合わせを重ねて『福岡方式』を理解し、サモアではファフェタイに次いで福岡方式に詳しくなったと自慢するほどになった。

改善前のタファイガタ処分場　　　　　　　　写真：筆者

## BOX-2　福岡方式

　準好気性埋立構造は1970年代に福岡市と福岡大学の共同研究で生まれた技術である。開発途上国では福岡方式として広く知られている。埋立地のごみ層に自然に空気を流入させ、ごみ層に生息する好気性（酸素のある状況で活動が活性化する性質）の微生物を活性化させることによって廃棄物中の有機物の分解を促進し、ごみから出る汚水（浸出水）の水質改善や埋立層の早期安定化を実現する方法である。そのために埋立地底部に浸出水集排水管を設置し、鉛直のガス抜き管を接続することによって埋立層内の汚水を排出すると同時に、埋立層と外気との温度差によって空気（酸素）の流入を促進する。埋立層内への空気の流入を考慮するため、嫌気性埋立構造に比べて底部の浸出水集排水管の口径が大きいのと鉛直方向のガス抜き管を設置することが大きな違いである。好気性分解によってメタンガスの発生が抑制されるため、国連気候変動枠組条約（UNFCCC）で規定するクリーン開発メカニズム（CDM）の技術として認められている。途上国での適用は1980年代後半に福岡大学の松藤がJICA専門家としてマレーシアの処分場の改善を行ったの

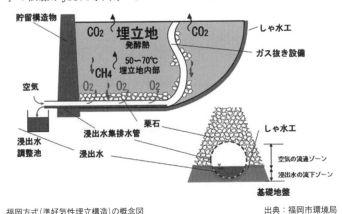

福岡方式(準好気性埋立構造)の概念図　　　　　　　　　　　　出典：福岡市環境局

が最初である。現地で入手できる安価な材料を用いて改善すること
が可能なことから、多くの途上国で適用例がある。大洋州ではサモ
アのタファイガタ処分場で初めて導入され、それ以降、バヌアツ（ブッ
ファ処分場）、パラオ（Mドック処分場）、ミクロネシア連邦（コスラエ
処分場、ヤップ処分場）、パプアニューギニア（バルニ処分場）、ソ
ロモン諸島（ラナディ処分場）、フィジー（ナマラ処分場）などで導
入されている。

　11月中旬からいよいよ工事が始まる。サモアはすでに雨期に入ってい
た。まず、アクセス道路の付け替え工事を行う。森林伐採から路床、路
盤整形、簡易舗装まで順調に進んだ。ところがそこでピタッと工事が止まっ
てしまった。JICA専門家の説明に対しては業者からいつでも「オッケー、
オッケー」と言葉が返ってくるが、どうも何をしてよいか理解できていなかっ
たらしい。ファフェタイもメペロも当然ながらわかっていない。古い埋立ごみ
を使って堰堤（盛り土による仕切り壁）を構築するという発想がまったく理
解されていないことがわかった。そこで専門家は皆を集め、現場で重機の
オペレーターに直接指導し、半日つきっきりで堰堤の一部を構築した。彼
はその直後に、フィジーで開催されたWHOの研修に講師として招聘され
て1週間サモアを離れることになった。

　フィジーでのWHOの研修と尾池（外務省大洋州課長）との面談（1-6
章参照）を終えてサモアに戻ると現場は大きく変貌していた。フィジーに行
く前はブルドーザー1台、バックホー1台のみだったのが、現場に行ってみる
とバックホー3台、ブルドーザー2台がフル稼働していた。想像していた以
上の速さで万里の長城（堰堤）ができ上がっていた。現場の活気が明らか
に違っている。重機のオペレーターが何を為すべきかを理解すればあとは
簡単である。現場の姿が大きく変わってきた。この頃からタファイガタ処分
場への訪問者が増えてきた。何かとんでもないことが起きているという噂を

聞きつけた一般市民がわざわざ車に乗って工事現場を見に来るのである。

　埋立ごみを掘り起こすことは強い悪臭を伴うし、決してきれいな仕事ではない。これまで机の上の仕事しかしていないメペロは残念ながら早々に退散して現場に出て来なくなった。一方のファフェタイは辛抱強く現場に通った。丁度この頃に、学期間の休暇でサモアに戻ってきたブルーバード（建設業者）の社長の息子ゼンが、父親から命じられて修業のために現場に派遣されるようになった。ゼンはニュージーランドの大学で土木を専攻する学生である。結局、専門家（天野）はこの2人に指導を行うことになった。

改善工事中のタファイガタ処分場　　　　　　　　　　　　　　　写真：筆者

　工事には測量がつきものである。当初、測量士を別途雇用したが、あまりに費用が高いうえに専門家の意図を理解しないため2日で解雇し、自

分たちでやることにした。現場は上流側から下流側に向けて3%程度の自然勾配がついている。処分場底部の整形高さに関してはそれほど気を使う必要はなかった。また測量器具もなかったので、専門家は器具を使わない簡易測量を教えた。水糸、錘代わりの石、巻尺、カラースプレー、短い鉄筋棒がすべての道具である。これに両目両手両足を使う。

「この線の上に立って、線に沿ってまっすぐ両手を広げるだろ。それから目をつぶってゆっくりと両手を前で合わせるんだ。両手の合った方向が90度だよ。もちろんぴったりとはいかないけどね。目印はなるべく遠くを選んで、そこに向けて線を引けばいい」

堰堤や集排水管は、連続さえしていれば図面と実際の位置が少しずれたとしても、多少蛇行していても大勢に影響はない。これも改善工事の良いところである。また、工事の大詰めの2月には予算が枯渇しかけて最後までできるかどうか危ぶまれた。ブルーバードの社長のヘンリーは、追加の工事代金はいらないので工事を最後までやらせて欲しいと懇願した。サモアにはこういう男気のある人物がいるのである。息子のゼンもすでに大学の新学期の授業が始まっていたにも関わらず、現場の方が経験になるといって2月末までファフェタイとともに現場に張り付いていた。ファフェタイはその後、地域各国の数多くの現場で実践的な処分場改善の指導を行っているし、ゼンは大学卒業後にニュージーランドで何年も現場経験を積んでサモアに戻り、ブルーバードの経営者として会社の現場を切り盛りするようになる。

この年の雨季は珍しく雨が少なく、改善工事が順調に進んだ。あらかた3カ月で終了できたのも天候に恵まれたおかげである。2003年の1月末の『廃棄物の日』にはファフェタイの発案で、ツイラエパ首相、環境大臣や閣僚を招いてタファイガタの現場で工事完成・引き渡しを兼ねて式典を行った。式典の最後には全員で埋立地まで徒歩で行進し、生まれ変わった埋立地を視察した。一般市民も多数参加したこのセレモニーの様子(列

席者全員の徒歩による現場見学も含めて)はテレビ、ラジオ、新聞などで大々的に取り上げられ、サモア政府とJICAおよびSPREPの協力で行ったプロジェクトの成功が広く一般市民の知るところとなった。当時、タファイガタのウェイストピッカーの存在が貧困の象徴として大きな政治問題になり、国会の場で議論された経緯があるため、より注目を集めた。

現場が物理的に改善され、人々に注目されることによって作業員の意識も態度も変わってきた。自分たちで事務所の周りに花壇を作ったり、砂利を敷いたりといったことをやり始めた。劣悪だった作業環境を改善することが意識の改善に結びついたのだ。

タファイガタでのセレモニーと小学生たちの現場見学　　　　　　　　　　　写真：筆者

タファイガタの改善工事の様子や福岡方式を紹介するビデオは2003年の2月〜3月に開催される沖縄での広域研修(第3回)に間に合うようにと急いで作成された。

やはり映像の力は大きく、沖縄では研修員が興味深く見入っていた。ビデオの出来も良かった。何事も「百聞は一見に如かず」である。最初のビデオは一般向けで、現場から逃げ出したメペロが主役で全編を通じて出演した。彼の演技はなかなかのもので評判が良かったため、技術的な説明を中心とした2作目(研修員向け)も彼を主役とした。このビデオは当時サモアで評判となった携帯電話のコマーシャルを作った映像技術者

の作品で、メペロが同時に3人出てくる場面など、映像にも色々と工夫がされていた。

　2003年9月（乾期）にはごみから出る汚水を集める貯留池に遮水シートを敷設する追加工事を行った。先の工事との関連で再びブルーバードが請負った。この時には予算がなくてフェンスは設置しなかったため、遮水シートを張った後で処分場内の野犬が池に入り込んで自力で上がれないことが何度か発生した。その後、2005年に後任で福岡市から派遣された田代武夫専門家の支援により浸出水処理設備の設置が行われた。その際に、合わせてフェンスの設置を行った。

　2003年10月には日本から秋篠宮殿下、同妃殿下のサモアご訪問が決まり、外務省からニュージーランドの日本大使館経由でタファイガタご訪問の打診があった。

　「え？皇室をごみ埋立地に？」とサモア側はみんな半信半疑だった。

　当日はSPREPで専門家（天野）がプレゼンテーションを行った後、殿下から福岡方式についてご下問があった。結局、ツイラエパ首相出身の村への訪問が優先され、タファイガタ処分場訪問は幻となったが、その夜のレセプションの時に、殿下からタファイガタ訪問を楽しみにしていたのに残念だったとのお言葉があった。

# 第2章

## 荒　波
－二国間プロジェクトの開始とサモアモデルの没落－

第2章　荒波

## 2-1. パラオの国際会議（針路変更）

会議の会場はたくさんの人で埋まっていた。ここはパラオの国際珊瑚礁センターの会議室。

国際協力銀行（JBIC）、JICA、JETRO、アジア開発銀行（ADB）、世界銀行（WB）などの共催で国際会議が開催されていた。

SPREPに派遣されているJICA専門家も招待され、プレゼンテーションを行うことになっている。

パラオ位置図　　　　　　　出典：外務省

初日の会議では銀行系の援助機関のエコノミストが援助アプローチや開発モデルについて理論的な発表を行っていた。エコノミストは自説の正当性を強調し、うまくいかないのはすべて途上国側に責任があるかのような態度であった。途上国側はしらけた表情をしている。現地の状況をきちんと考慮せず、自分たちのモデルやアプローチを押しつけたのはお前らだろう、というのが彼らの言い分である。

最後にJICA専門家（天野）の番がやってきた。エコノミストたちの発表はスマートでアカデミックだった。彼は自分が準備したプレゼン資料とのあまりの違いに戸惑っていた。しかし「ええい、ままよ」と意を決して、たどたどしい英語で自己紹介を始めた。

発表の内容は太平洋の小さな島嶼国のごみ問題である。パワーポイン

トのスライドはごみの散乱した汚い現場の写真で埋め尽くされている。

　「皆さん、えーと、これが現実です」

　銀行系のエコノミストたちはパラオ一番の高級リゾートホテルに宿泊している。おそらくこんな現場を見ることもないだろう。

　「皆さんはとてもラッキーです。写真では臭いもないし、ハエもいません」

　クスクスッと笑いがあった。それに気をよくしてだんだん調子が出てきた。

　現場で撮ったごみの写真や劣悪なごみの埋め立て地の写真を次から次に見せた。子供がごみだらけの海で泳ぐ写真にどよめきが起きる。マーシャル諸島のラグーンの写真だ。

　「これが改善前のサモアのタファイガタ処分場の様子です。そしてこちらが改善後です」昨年ファフェタイと一緒に苦労した改善工事が終わり、すっかり生まれ変わった処分場の姿がそこにある。

　最後に、「太平洋ではNATOシンドロームがはやっています。NATOとは、」とここで一呼吸おく。

　「北大西洋条約機構、のことではありません。NATOとは"No Action, Talk Only"の略です」あちこちで笑いが起きる。さらに続けて、

　「太平洋地域では、これまでドナーの支援によってたくさんの計画や戦略が作られたり発表されたりしています。でも、実行されたものはほとんどありません。どんな計画も行動が伴うべきです」とさらに一呼吸おき、

　「この会議がまた新たなNATOにならないことを望みます」と結んだ。

　会場がどっと沸いた。エコノミストは苦笑している。途上国の代表たちは立ち上がって喝采した。ツバルの大臣はわざわざ席を立って握手を求めた。

　太平洋地域ではさまざまな援助機関や国際機関の協力で過去に多くの戦略、計画、ガイドラインなどが地域レベル、国レベルで提案されているが、それらが環境保全や廃棄物管理の改善につながり、地域に良い結果をもたらしているとはいい難い。その理由の1つは、それらがほとんど実

施に結びついていないからだ。どこにでもある教科書的な一般的な方針や計画ばかりで、具体的な実施プログラムを担保する仕組みがなければ一向に実施されない。また、さまざまな援助機関は独自の方針を被援助国に課して対応を迫るため、被援助国である開発途上国はそれぞれの援助機関の方針の違いに振り回され、疲弊していることもまた事実だ。さらに、途上国側もトップのコミットメントがないために、実施レベルでは日常の廃棄物管理の重要性は理解しながらも、実施の際の優先順位は必ずしも高くない。地域の各国にとって諸外国からの援助は極めて重要な資源であることは間違いない。その貴重な資源を有効に活用するには地域の主要なステークホルダーを巻き込んで方向性を統一するためのバイブルが必要となる。それがまさに地域の戦略として日本が提案し、後にSPREPによって策定される『太平洋地域廃棄物管理戦略2005-2015』である。

翌日、密室で会議が行われた。JICAの地域部の部長の田口徹と以前サモア事務所にいた大洋州課の三村に加えて、サモアから昨日の会議に出席した専門家（天野）が同席している。前年の2003年にパラオ側から20数億円規模の廃棄物の無償資金協力の要請が上がっていた。要請の内容は焼却炉、新規処分場の建設および重機や車両などの供与である。いわゆる箱モノと呼ばれる協力だ。

「貴国から要請されている廃棄物インフラの件ですが、我々は持続性を考慮して、実現は困難であると考えています」と田口が切り出す。

パラオの中央政府にはまだ廃棄物を所管する官庁もなく、前年の暮れに、人口のほとんどが集中する首都のコロール州（当時）にやっと廃棄物管理事務所が数人規模で設立されたばかりであった。

この小さな会議に出席しているパラオ側の出席者は2人。いずれも大統領の側近で親族でもある。2人ともまだ若いが実力者である。

「大統領からMドックのごみ溜めを何とかしろといわれています」

Mドックには古くから使用されているごみの埋立地がある。いわゆるオー

プンダンプで著しく劣悪な状況だった。

劣悪な状況のMドック処分場　　　　　　　　　　　　　　　　　　写真：相園賢治

　「大統領はMドックの処分場を早急に閉鎖して、別の場所に新たな処分場を建設することを望んでいます。Mドックは国際珊瑚礁センターに隣接しており、多くの訪問者があることはご存じのとおりです。Mドックのごみ山を目にした訪問客や観光客はどう感じるかは容易に想像できます。パラオの恥です。パラオのような小さな島国にとって観光は大変重要な産業であり資金源です」と側近の1人が熱心に語り、もう1人が真剣な顔でうなずく。

　「おっしゃることは良く理解できます。ただ、いまある処分場の管理を改善することなしに新たな処分場を建設しても、必ず同じような劣悪な状況になります。処分場は単なる器に過ぎません。作っただけでは解決しません。問題はきちんと運営管理できるかどうかです」と専門家が応じる。

　「ではどうすれば良いと？」

　「我々は提案を持ってきました」と三村が答える。さらに続けて、

　「まず貴国からの要請を技術協力に変更していただきたい。技術協力の中で国家廃棄物管理計画を定めて今後のパラオのごみ問題の方針を決め、Mドック処分場の改善を通じて処分場管理技術を習得し、併せてごみ収集の改善や住民への啓発を行います。そういう技術協力プロジェクトに加えて、コロール州へシニアボランティアを派遣して体制を強化するの

です」

　「なるほど。わかりました。我々も箱モノだけではいけないとずっと考えていました。パラオが自立するためには我々だけで運営管理を持続できるようにすることが重要です。今日いただいた提案に沿って大統領を説得します。要請も出し直すことにしましょう」

　同年の夏、パラオ側から新たな要請書が日本に届いた。4月に帰任した天野はその後JICAパラオ支所付けの広域企画調査員として派遣されプロジェクトの案件形成の準備を始めた。その当時、コロール州には青年海外協力隊のマキが派遣されていた。派遣された分野は女性には珍しい土木施工であったが、ごみ問題を何とかしたいと、できたばかりのコロール州の廃棄物管理課に異動した。先の（2004年）サモアの広域研修にも他の5人の青年海外協力隊員とともに参加した。彼女は任期を終えた後、再びコロール州に雇用されてパラオに戻ってくる。その数カ月後にシニアボランティアとして藤勝雄がコロール州に派遣される。彼は同僚のジョンやマキとごみ収集の改善やコンポストに取り組む。藤はその後シニアボランティアの任期後も長くパラオにとどまり、コロール州のアドバイザーとしてパラオの廃棄物管理の改善に多大な貢献をすることになる。

　2005年、パラオの技術協力プロジェクトの公示が行われた。日本工営㈱の副田俊吾はチームを率いてパラオに事前調査に乗り込んだ。

## 2-2. サモアのめざましい改善（順風満帆）

　2000年に初めてSPREPに専門家が派遣され、2002年、2004年とサモアで広域研修が行われた。その間に劣悪な状況だったタファイガタのごみ処分場が大きく改善された。ファフェタイがメペロの後を継いで、2003年から環境省の主席担当官として廃棄物を担当するようになり、サモアのごみ処理行政は大きく進展した。

　タファイガタの改善が進むにつれて、隣のアメリカンサモア、米国環境

保護庁、大学関係者、NGOなど訪問者が後を絶たず、天然資源環境省（国土地理環境省が改編された）も処分場だけでなく適正な廃棄物管理に力を入れていた。タファイガタ処分場の運営管理もそれまでは直営で行われていたものをファフェタイが運営管理契約を作成して2004年6月からは民間に委託されることになった。これでタファイガタ処分場の毎年の予算が確保されるようになった。また、ごみ収集も多くのゾーンに再分割され、ファフェタイが公正な入札や契約履行を厳格に求めたため、不適正な業者がどんどん排除された。収集業者の適正な競争により、サービスの向上と委託費の低減が可能になった。

2005年にはJICAの支援によってタファイガタ処分場入り口に事務所を建設し、廃棄物管理部署をダウンタウンの政府の庁舎からタファイガタの処分場入り口に移動した。廃棄物に携わる職員は現場に近いところにいるべきだというファフェタイの考えからだ。彼は2006年には全額サモア政府の負担で隣のサバイ島に福岡方式の処分場を建設した。このような改善が環境省次官のトゥウとファフェタイのラインで2008年まで継続され、スタッフの数や予算規模も3倍になり、処分場だけでなくごみ収集などを含めてサモアの廃棄物管理が飛躍的に改善された。また、廃棄物に日の目が当たることによって廃棄物に関わるスタッフの社会的地位が向上し、廃棄物部門にも女性が応募するようになった。大学出たての女性職員2名（そのうちの1人は2012年から2年間日本の大学院に留学）がタファイガタに配属された。2007年にはタファイガタの事務所に青年海外協力隊（リサ）も派遣された。2000年、2002年、2004年、2007年と研修講師として継続的にサモアを訪れている桜井（2007年当時は沖縄大学学長）も変貌を遂げたサモアの廃棄物管理のめざましい改善を大いに賞賛した。

2000年　ごみ収集はウポル島の首都のアピアとその近郊のみ

2002年　ごみ収集サービスをウポル島ほぼ全域に拡大

2003年　タファイガタ処分場の改善

第2章　荒波

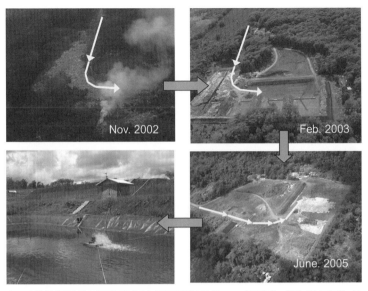

タファイガタ処分場改善の変遷(写真中の矢印は同位置を示す)　　写真提供：筆者、JICAプロジェクト

2004年　ごみ収集サービスをサバイ島の一部に拡大

2005年　タファイガタ処分場に浸出水処理設備設置

2006年　サバイ島にバイアタ新規処分場建設

2007年　ごみ収集サービスをサバイ島ほぼ全域に拡大

環境省の廃棄物年間予算が80万タラ（当時で3,000万円）から250万タラ（約1億円）に増加。

このときサモアの廃棄物管理は絶頂期にあった。

## 2-3. 転落と絶望（難破）

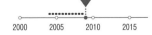

「悲しみは夜の空から降ってくる」

ファフェタイは1人でベランダの椅子に座って空を見上げていた。深いため息をつき、太い指で両目を拭った。それでもすぐまた星がにじんだ。リナの声が聞こえてくる。

「(ファフェ)タイ、あれがサザンクロス（南十字星）よ。その左手にあるのがケンタウルス」

リナは星座に詳しく、よく星座の物語を話してくれた。

「今度は北の空を見て。あれがオリオン。それからあそこに光っている星がこいぬ座のプロキオン。子犬の名前はね、マイラよ。かわいい名でしょ。でも飼い主だった王様のイカリオスは殺されてしまうの。それからあっちの星が…」

ファフェタイは星座には疎かったが、2人で夜空を見上げてリナの話を聞くのが楽しかった。最も幸せなときだった。だがもうあそこには戻れない。人は失って初めてその大きさに気づく。

2人が出会ったのはリナがニュージーランドから家族とともにサモアに移ってからだった。ファフェタイはサモア国立大学に入学したての学生だったリナを見初めて、1999年に奪い取るようにして一緒になった。リナは翌年、奨学金を得てニュージーランドに留学することになる。ファフェタイは丁度その頃、森林部門から環境局に転勤したばかりで、かつ、両親の面倒を見るためにリナと一緒にサモアを離れるわけにはいかなかった。ファフェタイはリナに学業を続けて欲しいと願っていたので、2人は離れて暮らすことにした。リナが学期と学期の間の休みにサモアに戻って来る生活が3年間続いた。

2003年にリナが大学を無事に卒業してサモアに戻ってくると、翌年には今度はファフェタイがフィジーの南太平洋大学の大学院に行くことになった。1999年に結婚して以来、こうしたすれ違いの生活が長く続くこととなり、次第に隙間風が吹き始める。

当時、ファフェタイは上司である環境省次官のトゥウウから多くの仕事と責任を負わされていた。やってもやっても仕事がどんどん増えていった。仕事はできる人間のところに吸い込まれるようにやってくる。昼間は現場を走り回り、夕方から夜はいろいろなプロジェクトの報告書を作るために遅くまで

残業し、タファイガタの事務所に泊まり込むことが多くなった。リナは簡易の折りたたみベッドを持ち込んで、時々現場の事務所に一緒に泊まった。2人には子供ができなかった。医者にかかったが、どちらにも悪いところはない。医者はファフェタイの仕事上のストレスのせいかもしれないと診断した。

この頃からサモアではツイラエパ首相の意向を受けて廃棄物管理公社の設立（半民営化）に向けて環境省が中心となり計画を進めつつあった。次官のトゥウウとファフェタイはその中心人物だった。

サモアのごみ収集は10以上のゾーンに分けられ、3年ごとにそれぞれのゾーンで競争入札によって収集業者が決められる仕組みになっていた。ファフェタイが責任者になってから、契約更改時に不良業者が入札からどんどん排除されていった。不良業者とは契約で決められたことを怠る業者のことである。市民からの苦情もそのエリアを担当する業者の仕事ぶりの判断材料となる。ファフェタイは以前から現場を回って業者の仕事ぶりをチェックしていた。決められた収集日に収集しなかったり、未収集の地区があったり、作業員の態度が悪かったり、収集後のごみが散乱していたり、決められたタイプのごみ収集車が使われていなかったり、と市民からいろいろな苦情がくる。そういった業者をできるだけ排除し、優良業者を守るのである。その結果、適切な競争により、ごみ収集のサービスは向上し、かつ契約金額も抑えられるようになった。だが、一部の業者はそんなファフェタイのやり方を快く思っていなかった。島の狭い社会の暗黙のルールでは、必ずしも公正なやり方がいつでも正しいと受け入れられるわけではない。もともと大きなファミリー（大家族制）の中で助け合うことがあたりまえで、役所も民間も持ちつ持たれつの風習が残っている社会だ。

サモア政府はごみ収集やごみの埋立地の管理を一元化し、さらにリサイクルを進めるために独立した組織の設立をもくろんでいた。そのために資金力のある外国業者の参入を促すためにいくつかの会社とコンタクトを取っていた。外国企業の参入の噂に恐れをなした業者は元々競争力のない、

不適正業者だった。政治家とつるんだ業者が一元化の計画を阻止するためにその中心人物であるファフェタイの追い落としを図った。メディアを使ったネガティブキャンペーンである。ファフェタイが外国企業から賄賂を受け取ってサモアの業者を不当に排除しているという噂を流した。議会の調査委員会が設置され、ある議員がファフェタイの聴聞を行うこととなった。

「お前は職権を使ってごみ収集の入札から特定の業者を排除したのではないのか？」

「それは誤解です。収集業者の選定は政府内で独立した公益事業委員会が行います。私は入札に当たって、過去の各業者の仕事ぶりを報告書にして委員会に提出します。排除する、しないはあくまで委員会の決議事項で、私の職権ではありません」

「だから、お前は報告書に特定の業者の悪口を書いて、入札から外すように仕向けたということだ。職権を乱用して入札に関与したということだろう？違うか？」

「各業者が契約の履行をきちんとしているかどうかを委員会に報告するのが私の職務です。入札も委員会が行いますので私自身は入札にも関与していません」

「言い訳をするな。お前が関与したことはわかっている」

「私の役目は委員会に報告することです。意思決定するのは委員会です」

「だから何度も言うように、お前は直接、間接的に入札に関与している。外国企業から賄賂を受け取って、報告書をねつ造して特定の業者を排除したということだ」

ファフェタイは知っている。入札から排除された業者の1つはこの議員のファミリーが経営している。ファフェタイは何を言っても無駄だと悟った。自分を排除するのが目的なのだから。

ファフェタイは連日取り調べを受け、精神的に参っていた。

第 2 章　荒波

　一方、その頃、妻のリナは大学院に進むための奨学金をもらえることに
なり、オーストラリアへの留学を考えていた。リナはファフェタイの仕事上の
ストレス軽減のためにも仕事を辞めてしばらくオーストラリアに一緒に行こうと
誘った。ファフェタイは悩んでいた。以前自分が長期間サモアを留守にし
たときに父親が亡くなり、母親につらい思いをさせたことで後悔の念が募っ
たことがあった。それからは長男の自分がしっかり母親の面倒を見なけれ
ばと堅く心に決めていた。だから、すんなりとリナの提案に乗れなかった。
また、政府が進めようとしている大事な仕事を放り出すことは彼の責任感と
プライドが許さなかった。お互いが相手を思いやりながら、その思いがす
れ違い、些細なことで口論になることが多くなった。そうなると、ファフェタイ
は決まって家を飛び出した。そして家に帰らない日が続く。

　「リナ、今日も（ファフェ）タイは帰ってこないね」とリサは言った。

　リサはファフェタイの家にホームステイをしている青年海外協力隊員だ。
本来であればサモア政府が派遣される協力隊員の宿舎の手当をすること
になっている。しかし、なかなか空き部屋が見つからないので直属の上司
であるファフェタイの家に居候していた。リサはファフェタイ夫婦を兄姉のよ
うに慕っていたので、2人の仲違いに心を痛めていた。

　結局、溝が埋まらないまま、リナは留学の決心を固めオーストラリアに向
けて出発した。2人は離ればなれになり、二度と元に戻ることはなかった。
リサも家を出る。

　ファフェタイの汚職疑惑は国会でも取り上げられた。民営化の話は、も
ともとは首相の意向を受けて環境省で進めてきた計画ではあったが、これ
以上こじらせて首相や上司のトゥウウに迷惑をかけることは避けたかった。
結論ありきの尋問と私生活の両方のゴタゴタにすっかり疲れ果て、ファフェ
タイはもうどうでも良くなった。そしてこれ以上闘う気持ちを失った。自ら決
断したものの、喪失感は大きく、また誰からも見捨てられた気がした。

　「こんなに一生懸命に国のために尽くしてきたのに、その挙げ句の果て

がこれだ」

　妻も職も同時に失って、ファフェタイの生活は荒れた。毎晩のように酔い潰れ、人生のどん底に落ちた気分だった。転落と絶望を味わい、自分は神様に見捨てられた、不要な人間だと思うようになる。彼は心に深い傷を負ったまま方向を失っていた。まだ雨期の明け切らない2008年のことである。

## 2-4. 復活の兆し（救命ボート）

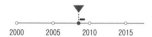

　ファフェタイが去ってからサモアの廃棄物管理は急速に悪化することになる。特にタファイガタ処分場では現場のスタッフと処分場管理委託業者（ブルーバード）の現場オペレーターがグルになって悪事を働いた。ウェイストピッカーから金を徴収して重機を使わせて、処分場のあちこちを無作為に掘り起こさせた。過去に埋め立てられた金属類を掘り出してリサイクル業者に横流しし、利益を折半していた。小遣い稼ぎである。当時は世界的にスクラップメタルの価格が上昇し、リサイクル目的の金属回収が盛んだった。当てもなく掘り起こされてそこら中が穴だらけのタファイガタは無残な姿になった。

　ファフェタイがいなくなって統制のたがが外れてしまった。スタッフと業者の癒着が噂され、ごみ収集や道路清掃、マーケットの管理がまったくずさんで野放しになった。住民からの苦情が増えたが、誰も頓着しない。ごみ処理に対する住民の不満の声が新聞に載るようになった。

　ファフェタイが環境省を去った同じ年（2008年）にJICA調査団がやってきた。調査団は地球環境部で廃棄物などを担当する課長の鈴木和哉、担当職員の加納大道、それに国際協力専門員になった天野の3人だ。JICAサモア支所の企画調査員の佐宗文暁は事前にサモアの状況を本部に報告していた。かつて太平洋地域のモデルだったタファイガタ処分場の急速な悪化はJICAとしてもそのまま看過できないことだ。

サモアに到着後、調査団はタファイガタの現場の状況を視察した。その夜、天野はファフェタイをホテルに呼び出して事情を聞いた。ファフェタイは申し訳なさそうに、自分が省を辞めたことや、タファイガタで何が起きているのかを語った。問題は大きく2つあった。現場での不正を正すこと、処分場の修復と運営管理の改善である。

タファイガタ処分場で改善を話し合うJICA調査団　　　　　　　　　　　写真：JICA調査団

翌日、天野はファフェタイの話の裏付けを取るために、処分場運営を委託されているブルーバードの社長に会いに行った。社長は旧知のヘンリーだ。ストレートにいくつか疑問をぶつけてみた。

「ヘンリー、ファフェタイは汚職の疑いをかけられて辞めたと聞いたが、君はどう思う？」

「ああ、そのことか。奴はシロだと思うよ。俺は奴が契約を担当していたときからの付き合いだが、他の奴らと違って、一度も金をせびられたことはない。あいつはまずそんなことはしないだろう」

「では、タファイガタで何が起きているか知ってるかい？」

「え？どういうことだ」

「お宅の現場のオペレーターと環境省のスタッフがつるんで悪いことをやっているらしい。ウェイストピッカーから金を取って重機を使わせて、スクラップメタルを掘り出している。それをリサイクル業者に売って小遣い稼ぎを

しているらしい」

「それは知らなかった。ちょっと時間をくれ。調べてみる」

ヘンリーは直ちに事実関係を調べ始めた。ファフェタイの情報が正しかったことがわかって、彼は関与したオペレーター2人を即刻クビにした。タファイガタがそれ以上掘り返されることはなくなった。これで問題の1つはほぼ片付いた。

あと1つの問題は現場の修復と運営管理の改善である。

環境省次官のトゥウウはファフェタイという1人のスーパーマンにあまりにもすべてを頼り切っていたことを反省していた。人材の層を厚くしなければ今後も同じことが起きる。トゥウウはタファイガタの状況を改善するために、スタッフや委託業者に対する処分場運営の技術指導をJICAに要請した。

JICAは要請を受けて、できるだけ早い時期に運営管理改善のトレーニングを行うことを決めた。以前ネパールでトレーニングを指導してもらった福岡市の処分場運営管理業者に依頼して専門家を派遣してもらい、2008年の12月に現地で10日間の現場トレーニングを行った。トゥウウは省内の各部局から20数名を参加させ、これに保健省、委託業者の重機オペレーター、ファフェタイ、専門家の川畑（ユリエ）、青年海外協力隊の村中隊員（リサ）、同じくSPREP配属の香庄謙一隊員（ビデオ撮影・編集）、最終日にはJICA本部の加納職員などが参加し、総勢30名近い研修員を現場で指導した。

タファイガタで採用された福岡方式（準好気性埋立）の特徴は、埋立地底部に設置した大口径の浸出水集排水管と、それに連結して鉛直方向（上向き）に設置された小口径のガス抜き管を通じて、ごみから出てくる汚水（浸出水）を集めて排除することと、ごみの埋立層内に空気を自然流入させて、有機性ごみの分解を早め、浸出水の水質の改善と埋立地の安定化を図ることである。したがって、人体に例えると、これらの管は酸素を含む血液を体内の隅々に運ぶ血管の役割と同時に、汚れた液体

（老廃物）を体外に排出する泌尿器（尿管）の役割の両方を持っている。だから、どこかで管が詰まってしまうことは埋立地に不具合が生じて病気になることを意味する。

　トレーニング前に浸出水集排水管が部分的に閉塞していること、いくつかの鉛直ガス抜き管に石やごみが投入されて機能していないことなどがファフェタイから報告されていた。当時彼は元上司のトゥウの意向で環境省のコンサルタントとしてタファイガタの埋立区画の拡張工事の指導を行っていた。それで、現場の状況を熟知していた。トレーニングが始まる前までにファフェタイに延長300メートルの浸出水集排水管主管の上部を全長にわたって掘り起こさせた。その結果、数カ所で主管が損傷していることが判明する。研修ではこの補修も行い、生きた教材とすることにした。

　2008年の12月の初旬にトレーニングが開始された。講師の江口義国は福岡市の処分場の運営管理を請負っている民間の会社に所属している。福岡大学の松藤教授や福岡市の職員らとともに途上国で技術指導を行った経験がある。地元では柔道の指導者でもある。

　現場のトレーニングではまず体をほぐしておくことが重要だ。それが事故を防ぐことにもつながる。トレーニングは毎朝ラジオ体操から始まった。ラジオ体操を録音したCDをかけて音楽が鳴り始めると、サモア人の研修員たちは、日本人の動きに合わせて見よう見まねで体を動かす。初日はヘラヘラしながらやっていたのが、日が経つにつれてそれなりに様になってくるから不思議だ。

　朝一番の講義では室内でその日の作業内容や目的を学ぶ。それから歩いて現場に出てトレーニングを行う。サモアの12月といえばすでに雨期が始まっている。12月になると毎日のように雨が降っても不思議ではない。ところが好天に恵まれた。雨で作業ができなかったのは1日だけだった。野外のトレーニングは雨の場合に備えて代案を準備しておくことが必要だ。しかし、このトレーニング期間中は晴天が続き、代案の出番はなかった。

71

処分場改善トレーニング風景　　　　　　　　　写真：筆者

　トレーニングの内容は、日常の処分場運営管理の基本知識に加えて、浸出水集排水管やガス抜き管の補修・設置、浸出水循環システムの構築・設置、火災の鎮火方法など現場に密着した内容であった。とにかくなるべくお金がかからないように、現場にあるもの（廃材など）やその土地で容易に手に入るモノを使うのが鉄則だ。ドラム缶、タイヤ、ココナッツの殻、竹などで代用する。

　トレーニングの最終日には壊れた循環設備の修復を行った。設備といっても簡単なモノで機材は使わない。埋立層から出てきた浸出水（汚水）を貯める池から汚水をポンプでくみ上げ、ガス抜き管の周りに設置した簡易の処理層の上に散水する設備だ。まず鉛直のガス抜き管の周りを3m四

方に1.5m程度掘り起こし、そこに石、ココナッツの殻、石をサンドイッチ形式に50cmずつ重ねて3層にする。ポンプからパイプをガス抜き管に沿わせて立ち上げる。後はパイプの出口を細工して、敷き詰めた石の上に噴水のように散水させる。散水された汚水は3層のフィルターを通して下に浸透し、底部の浸出水集排水管で集められて下流の貯留池に誘導される。これを再びポンプで汲み上げて循環させるわけだ。こうすることで汚水の水質が改善されると同時に蒸散によって汚水の量が減る。一石二鳥だ。

この作業に手間がかかった。みんなで重い石やココナッツ殻を運んで敷き詰める。その日は最終日でどうしても終わらせる必要があった。みんなランチも取らずに汗だくで頑張った。

「どうしても今日中に終わらせるぞ」

「おい、サモア魂を見せてみろ」と誰かが檄を飛ばす。

いつもは陽気で体の大きなサモアの男たちが黙々と作業する姿は圧巻だ。

「あいつら飯も食わずに頑張ってるよ」と江口がつぶやく。

陽が傾いた頃、ようやく作業は終わった。さあ、試運転だ。

みんなが不安そうに見つめる中でポンプのスイッチを入れる。

ウィーンと音を立ててポンプが動き始めた。

ブツ、ブツ、ブツと、空気を含んだ水がパイプを上がってくる。

ガス抜き管に沿わせたパイプの出口から水がちょろちょろと出て、それから一気に上方に吹き出した。吹き出した水は上部の大きなスプーンに当たって勢いよく放射状に飛び散った。

「ウォーッ！」と歓声が上がる。成功だ。

江口はそばにいた天野とがっちりと握手した。目が潤んでいる。

飛び散った水が石の上で跳ね返って夕陽にキラキラと光った。

ファフェタイはトレーニングの後、JICAサモア事務所でローカルコンサルタントとして雇用されることになる。せっかく育った有能な人材を埋もれさせたくないという配慮が働いていた。これを契機として、ファフェタイはいよ

処分場改善トレーニング（最終日）の汚水循環設備（左）と現場での集合写真　　　写真：筆者

よJICAの人材として働き始めた。

それを待っていたかのようにサモアで大きな出来事が起きる。

## 2-5. 津波と災害廃棄物（光明）

「災害は突然やってくる」

その日ファフェタイはサモアのウポル島北部の首都アピアの自宅にいた。2009年の9月29日、トンガ海溝で起きた海底地震により発生した津波がサモア諸島を襲った。ウポル島南部の海岸リゾート地は壊滅的な被害を受けた。ファフェタイの実家のアレイパタ地区も含まれていた。

サモア位置図　　　出典：外務省

数年前に亡くなったファフェタイの父は高位のマタイで有能な指導者だった。マタイとはコミュニティの首長で、本来、そのコミュニティの生命財産を預かる重い役割を持っている。小さい頃から住民に対する父の威厳と献身的な姿を見て、自分にはマタイはとても務まらないと考えていた。しかし、大人になるにつれて、コミュニティの人々に奉仕することは自分の役目だと考えるようになる。マタイは世襲ではない。コミュニティの支持がなければなることはできない。ファフェタイはいよいよウポル島北部の母の出身の村のマタイの称号を継ぐことになった。授与の儀式のため、その日は母親とずっと一緒だった。儀式が終わったのは夜の8時を過ぎていた。ファフェタイの家はアピアにあり、母親は普段は島の反対側のアレイパタの実家に住んでいる。ファフェタイは母親と新しい妻と3人で遅い夕食を取り、眠りについた。

　翌朝、激しい揺れが襲った。

　ファフェタイはすぐに母親と妻を連れてアピアの高台の方に避難し、同時に実家の親戚たちにも高台に避難するように電話した。しばらくしてニュースが流れた。地震が発生したのはアピアとは逆のトンガ側のようだ。アピアは大丈夫だが、島の南側にあるアレイパタの実家が危ない。その頃、大きな津波が島の南部の村々を次々となぎ倒していた。

　地震と津波の後、これまでに経験したことのない災害に村人は神の助けを祈るばかりだった。伝統的な指導者であるマタイたちも、なすすべを知らず途方に暮れていた。ファフェタイはアピアからアレイパタに駆けつけた。辺りを見回すと、ほとんどの家が破壊され、住民は着の身着のままで高台に避難している。電気も水もない。ファフェタイは実家の家族の無事を確認すると、人々を勇気づけるため積極的に活動を開始した。

　「これは大変なことが起きた。なんとかしなくては」

　津波が発生して数日すると被災地では津波で発生した廃棄物による影響（アクセス障害、悪臭・腐臭など）が強く出はじめている。ファフェタイは以前、2004年に島の北部を襲ったスーパーサイクロン・ヘタを経験してい

た。そのときは護岸に使われている1m以上ある巨大な石が、押し寄せる波の力でビーチロード沿いにゴロゴロと打ち上げられていた。また、スティーブンソン[2]の墓があるヴァエア山の樹木がなぎ倒されてはげ山になった。街のあちこちで暴風により大きな被害が出ていた。当時、環境省で廃棄物管理の責任者だったファフェタイはこのスーパーサイクロンで発生した災害廃棄物の処理に奔走した。そのときの経験から災害により大量の廃棄物が出てくることを知っていた。

津波被害に遭った村落　　　　　　　　　　　　　　　写真：ファフェタイ・サガポルテレ

---

2)『宝島』、『ジキル博士とハイド氏』などの作品で有名なイギリスの作家、ロバート・ルイス・スティーブンソン。晩年をサモアで過ごした。遺体はサモア人の手でヴァエア山の頂上まで運ばれ、埋葬された。

第2章　荒波

　ファフェタイは早速JICAサモア事務所と相談のうえ、津波によって発生したごみの処理を行なうパイロットプロジェクトを環境省と一緒に立ち上げることにする。環境省では友人のラバッサがトゥウウの後を継いで次官となっていた。話はすぐにまとまった。この間にサモア事務所とJICA本部で緊急のやり取りがあり、このパイロットプロジェクトの予算が迅速に承認された。

　津波があった4日後の10月3日から6日にかけて、ファフェタイは津波で発生した廃棄物の実態調査を行った。調査報告書が10月9日にサモア事務所に提出された。ファフェタイは作成した報告書の中で廃棄物の発生量を推計し、その処理方法や費用などを提案した。この報告書の提案に基づいて10月13日から3つの村を対象としてパイロットプロジェクトが開始された。

　ファフェタイの報告書によると、パイロットプロジェクトの地域には樹木などのグリーンウェイストや建設廃材を除いて、10トントラックで約220台分の混合廃棄物が堆積していると推計されていた。ウポル島にはごみ処分場はアピア近郊のタファイガタだけだ。被災地は首都のアピアとは島の反対側の南部に位置する。だから、大量の廃棄物をそのままアピアの処分場に運搬すると多大な費用と時間がかかる。問題はごみを運ぶトラックの費用が1往復で600タラ（当時1タラは約35円）かかることである。また、廃棄物を移動・撤去し、トラックに積み込む重機のレンタルも1時間当たり150タラの費用がかかる。さらに、重機の移動にはトレーラーの費用が必要だ。したがって、処理費用を削減するにはアピアの処分場へ運搬するごみの量をできるだけ少なくすることが重要だ。

　発生したごみはいろいろな種類のごみが混ざっている。この混合ごみを重機により分別することはほとんど不可能であり、事前に手作業による分別が必要である。このためできるだけごみの発生源で手作業による分別を行い、仮設家屋の建設に使える材料（木材、トタンなど）、有価物（スクラップメタルなど）、倒木や草木類、建設廃材（コンクリート、ブロックなど）およびその他残渣（プラスチック・紙類・繊維類・缶類・ビン、廃家電製品

77

など）に分け、残渣物だけを重機を使ってトラックに積み込み、処分場のあるアピアに運ぶことにした。倒木や草木は集積場所に保管し、建設廃材は津波でできた湿地や低地の埋立に使用する。パイロットプロジェクトの実施に当たって、ファフェタイはアピアのリサイクル業者（有価物を回収し海外に輸出）と交渉し、ごみの中の有価物を無償で引き渡す代わりに、残渣物を運搬するトラックを1台80タラに値引きさせた。

　手作業による分別を行なうために、ファフェタイは村のマタイと相談して各村からそれぞれ30人の村人を招集することにした。ある村では30人の住民が積極的に分別活動を行なったが、別の村では作業員を確保できず、人手がないために分別が思うように進まなかった。そこで彼はプロフェッショ

津波により発生した廃棄物の処理　　　　　　　　　　　　写真：ファフェタイ・サガポルテレ

ナルの手を借りることを考えた。このリサイクル会社に掛け合って、処分場で活動しているウェイストピッカーを雇用し、被災地の分別作業のために動員したのである。もともとウェイストピッカーは分別のプロである。混合ごみから有価物を取り出すことは朝飯前で、作業スピードは格段に上がった。さらに回収有価物の種類も銅線やアルミニウム（窓枠）など多岐にわたった。集積した倒木はチェーンソーで裁断し、村の住人により薪などに使用された。

　結局、パイロットプロジェクトによりアピアまで運搬した廃棄物はトラック40台分にまで減った。また、回収された建設資材を使って、村人自身により内陸部の高台に速やかに仮設の家屋が建設された。その新たな居住エリアにはサモア政府によって水や電気が供給されている。

　こうした活動によりファフェタイはリーダーとして認められ、父親と同じように地域の住民の信頼を勝ち取った。

　この津波廃棄物処理のパイロットプロジェクトの経験と教訓は、2010年の2月に開催されたワークショップで地域各国（参加12カ国）の代表者に共有された。その結果、水、電気、道路などのインフラ復旧とともに、災害廃棄物の撤去やごみ収集サービスの復旧の重要性も各国の危機管理計画に盛り込むべきであるという提言を全会一致で採択した。この席に、パイロットプロジェクトの対象地域だったマタイの長が列席し、住民を代表してファフェタイとJICAの支援に対する感謝の言葉を述べた。この経験がその後、2011年から始まるJ-PRISMに受け継がれることになる。

# 第3章

## 新たな海図

－二国間協力から広域協力（J-PRISM）への発展－

## 3-1. 二国間協力（定期航路）

　津波が発生する前年、ファフェタイがサモアの環境省を辞めた2008年に、地域の中で2つのプロジェクトが終わろうとしていた。1つはパラオ、もう1つはバヌアツである。

　パラオのプロジェクト（『パラオ国廃棄物管理改善プロジェクト』）は、第2章で紹介したように、2004年にJICAとパラオ側とで話し合った技術協力プロジェクトである。大きな金額の無償資金協力を地道な技術協力による技術移転とし、パラオの人材育成を目指すプロジェクトだ。プロジェクトはMドックと呼ばれるごみ埋立地の改善や国家廃棄物管理計画の策定を含んでいた。パラオには世界的なダイビングスポットが多く、ダイバーのメッカと呼ばれている有名な観光地だ。パラオのMドック処分場のすぐそばのホテルに宿泊したダイバーが、「楽園だと思って来てみたらごみ溜めだった」とブログに書いてMドック処分場のごみ山の写真を載せた。また、2004年の9月にはMドック処分場で大規模な火災が発生し、煙の影響で周辺の学校が休校になる騒ぎもあった。Mドック処分場を改善することはパラオ政府の長年の悲願だった。

パラオ位置図　　　　　　　　　出典：外務省

　2005年の春、プロジェクトが公示となり、日本工営は副田を団長とする調査団を自社負担で送り込んだ。太平洋で初めての本格的な技術協力プ

ロジェクトの受注に気合いが入っている。現地ではさまざまな情報収集を行い他の地域とは異なる島嶼国固有の状況の理解に努めた。先方政府やJICAパラオ支所にヒアリングを行い、プロジェクトの意図を探る。その努力の甲斐あって日本工営が落札業者となり、2005年9月、プロジェクト実施のために総括の金谷茂と数人の専門家がチームとして派遣された。

　以前の技術協力プロジェクトは『プロジェクト方式技術協力』と呼ばれ、JICAの直営による実施だったが、2004年頃からプロジェクト実施もできるだけ民間を活用するような方針に変わった。技術協力の目的は先方のキャパシティ向上（技術移転による能力開発）であると強調されていた。しかし、コンサルタントが長年慣れ親しんでいる開発調査と呼ばれる事業は日

改善中のMドック処分場とプロジェクトで採用したマスコットと抱き合うレメンゲサウ大統領
写真提供：JICAプロジェクト

本側のコンサルタントチームが主導で行うもので、相手側の人材育成を主眼にした技術協力には大きな戸惑いがあった。どのコンサルタントも最初の技術協力プロジェクトではつまずいた。パラオも例外ではなく、現地のカウンターパートではなく、専門家主導で活動が進んでいた。危機感を持ったJICA本部は頻繁に運営指導調査団を派遣し、コンサルタントとパラオ側関係者と何度も話し合いを持った。そうしてプロジェクトの後半になると現場にキャパシティ・ディベロップメントの考え方が浸透してきた。Mドック処分場も改善されパラオに大きなインパクトを与えた。当時のレメンゲサウ大統領がプロジェクトで募集して採用されたマスコットと抱き合う写真が大きく新聞に載った。プロジェクトは確実にパラオの社会で受け入れられた。

　それでもコンサルタントにはJICAに対する不満が残る。

　「我々コンサルタントはこんなにぶ厚い報告書をいくつも提出しますが、JICAさんはきちんと読んでくれないじゃないですか」

　JICAは報告書を求めすぎるのも事実だ。プロジェクトで何をやったかを記録に残すことは重要だから。税金を使う以上、説明責任が伴う。ところが報告書の作成が目的化してしまうといきおい報告書も厚くなる。また、コンサルタントはJICA向けに目に見える成果を必要以上に強調しがちだ。プロジェクトの目的である先方のキャパシティの変化（向上）を測るのは難しい。目に見えにくいからだ。JICA側もコンサルタント側も手っ取り早く目に見える成果を求めようとし、カウンターパートが置き去りにされる。それでプロジェクトがゆがんでしまうことがある。

　パラオでは中央政府の公共事業局の廃棄物管理事務所のカルビン、コロール州廃棄物管理事務所のジョンが中心になってプロジェクトの活動を行った。その後、コロール州の廃棄物管理はジョンの後を継いで若いセルビーが責任者になる。カルビンやセルビーは、後に始まるJ-PRISMでは地域のトレーナーとして活躍するようになる。

　もう1つのプロジェクトはバヌアツだ。

バヌアツ位置図　　　　　出典：外務省

　バヌアツのエファテ島にある首都のポートビラ市では、2001年の沖縄の第1回研修に参加したトニーが頑張っていた。研修では研修員はアクションプランの作成を義務づけられる。アクションプランとは研修で学んだことを自国に戻って適用するためにどのような活動を行うかという計画だ。トニーのアクションプランは福岡方式によるブッファ処分場の改善だった。ブッファ処分場は1990年代に世界銀行の協力で建設された。トレンチ方式と呼ばれる埋立方式が採用されていたが、トニーは研修で松藤教授から学んだ福岡方式を適用して改善したいと考え、それをアクションプランにした。ところが、市の財政的な問題や、改善の技術指導が必要で、なかなか実施に至らなかった。トニーは2005年の沖縄研修に再び参加し、ブッファ処分場の改善を強く訴えた。この時の研修は5年間の研修事業の締めくくりとして、過去の研修員の参加を促していた。

　バヌアツもニューカレドニアと並んで有名な観光地だ。多いときは週に何度も大きな客船が入港し、小さな街が観光客であふれる。1980年以前はイギリスとフランスの共同統治国だったため、現地語に加えてフランス語と英語の両方を喋ることのできるマルチリンガルのカウンターパートもいる。

　バヌアツ政府からの要請に応じて、ポートビラ市のブッファ処分場の改善と廃棄物管理計画策定を支援する技術協力プロジェクト（『バヌアツ国ブッ

ファ処分場改善プロジェクト』）が2006年に開始された。小規模のプロジェクトのため、長期専門家1名の派遣だった。当時ジュニア専門員（専門家候補生）だった山本聡が派遣された。彼は協力隊出身で、かつ、大学で処分場を専攻し、準好気性埋立を学んでいる。年齢は若いが適任者だった。山本の指導でブッファ処分場が福岡方式の処分場となった。廃棄物管理計画については短期間だけ別の専門家（国際航業の楠幸二）が派遣され、計画案の策定を支援した。

このプロジェクトではポートビラ市に埋立重機としてブルドーザーが供与された。また、フィジーの日本大使館から草の根無償資金協力でバックホーも供与され、埋立管理に必要な機材が整った。大使館の担当としてこの草の根無償の実施に携わったのがソロモン・バヌアツの協力隊出身の小幡ひとみだ。バヌアツ隊員の頃は、同じ協力隊員だったスンやマコとカヴァを飲んだ仲だ。

ごみ質調査(左)と改善中のブッファ処分場(右)　　　　　　　　　写真提供：JICAプロジェクト

このプロジェクト期間中に2007年にネパールで行われた福岡方式のトレーニングに、ブッファ処分場管理者のアモスが参加し、福岡方式の運営管理の実地訓練を受けた。こうしてプロジェクトは2008年の9月に終了する。ブッファ処分場のその後の管理はアモスの手腕に委ねられた。

パラオとバヌアツのプロジェクトが終わった丁度その頃に、新たにフィジー

で技術協力プロジェクト(『フィジー国廃棄物減量化・資源化促進プロジェクト』、通称『3Rプロジェクト』)が始まった。2008年の10月のことである。志布志市の西川順一がアドバイザーとして国内支援委員になったプロジェクトだ。太平洋の島嶼国を対象にした協力では、それまでは目に見えやすいごみの埋立地(処分場)の改善に力を入れていた。サモア、パラオ、バヌアツなどである。処分場の改善は目に見えるため社会的に大きなインパクトがある一方で、根本的な解決にはならない。ごみフローの上流側からごみを垂れ流せば一番下流の処分場に負荷がかかり続ける。すぐに処分場が一杯になってしまう。だから、上流側でできるだけごみを減らさなければならないのだ。ではごみを燃やしてしまえばいいではないか。ことはそう簡単ではない。まず、焼却はたくさんお金がかかる。建設にも運営管理にも。また、運営管理には高度の技術が必要だ。お金も技術もない太平洋の小さな国の一自治体でとても賄えるものではない。そこで志布志市の登場だ。西川の出番である。

フィジーのラウトカ、ナンディ位置図　出典：外務省

これまでと違って、フィジーの3Rプロジェクトでは上流側のごみを減らすことに重点的に取り組んだ。国際航業㈱がプロジェクトの実施を契約し、総括の孔井順二の下に何人もの専門家がチームを組んだ。後にJ-PRISMの専門家となる川畑(ユリエ)や可児佳子も含まれていた。このプロジェ

クトは『リターン』のための有価物の回収と有機性ごみの有効活用が含まれている。プロジェクト対象はフィジーの首都島にあるラウトカ市とナンディ町の2つの自治体で、これに加えて中央政府の弱小組織の環境局が技術移転と能力向上の対象だった。

有価物回収とコンポスト　　　　　　　　　　　　　　写真提供：JICAプロジェクト

　プロジェクト活動は2つの自治体の廃棄物管理計画の策定、ラウトカ市

のごみ処分場の改善、有価物分別回収、有機物の活用、市民への啓発など多岐にわたる。プロジェクトと連携し、協力する形で志布志市は毎年フィジーとバヌアツから多くの研修員を受け入れた。また、有機ごみの有効活用として、コンポスト（ごみから堆肥を作る方法）はシンガトカ町の近郊で農業指導を行っている日本の公益財団法人のオイスカ（OISCA）の専門家が指導を行った。さらに、ナンディ町で活動していた青年海外協力隊の吉富有美（ユミ）はクリーンスクールプログラムという学校でのごみ啓発運動を実施して成功を収めていた。こうした周辺からのサポートもあってラウトカとナンディでは多くのローカル人材が育った。しかしながら、中央政府の環境局の体制は相変わらず脆弱で、自治体を引っ張ってゆく能力はとてもなかった。

## 3-2. 志布志からブラ！（補給船）

パラオとバヌアツの2つのプロジェクトが終了した直後の2008年10月、西川は緊張した面持ちで心細げに1人で成田空港のラウンジで待ち合わせをしていた。これからフィジーに出張するためである。西川は鹿児島県の大隅半島にある志布志市の環境政策室長だ。その西川がなぜフィジーに行くことになったのかを考えると、何かの縁で導かれたと言っても過言ではないだろう。

丁度1年ほど前、環境省の中央環境審議会の主催で全国の10の自治体がそれぞれの廃棄物処理の取り組みを紹介するセミナーがあった。そこにたまたま聴衆の1人として居合わせたのがJICA国際協力専門員（天野）だった。西川の発表後、すぐに連絡があった。ぜひ志布志市の取り組みを視察させて欲しいと依頼された。その理由は、焼却炉を持たずに80%の埋立ごみの減量に成功した経験を太平洋の小さな島々に紹介したいということだった。西川は快諾した。

翌月、JICA本部から視察の一行が志布志市にやってきた。志布志市

を訪問するには鹿児島空港から2時間以上バスに乗らなければならず陸上交通の便はよくない。しかし、志布志市には大きな港があり海上輸送の拠点としての役割を持っている。これも太平洋の島に似ている。

　西川はJICAの視察を受け入れるための条件を出した。せっかくの機会なので市民にぜひJICAの途上国での廃棄物分野の取り組みを紹介して欲しいという依頼だ。JICA側も異存のあるはずがない。

　当日は西川から志布志市の取り組みの説明を受けた後、視察団は本田修一市長（当時）を表敬訪問した。本田市長は環境を前面に押し立てて当選した環境推進派である。通勤途中で車を降りてごみを拾って歩く変わり種の市長だ。

　「わざわざ、遠くから、よくいらっしゃいました。志布志の取り組みを、海外に紹介していただけるのは、大変ありがたいことです。私どもはできる限りの協力をさせていただきます。必要なことがあれば、全部これ（西川）に言いつけてください」

　西川は一行を案内して市内の現場を回って志布志市の取り組みを丁寧に説明した。鹿児島弁丸出しの話しぶりが実直な性格を表していた。冗談も大好きだ。一行はすぐに西川の人となりに惹かれた。

　約束どおり、夕方から市の講堂でJICAのプレゼンが行われた。多くの写真から途上国で廃棄物処理が大きな課題になっていること、そのための日本の協力について説明が行われた。途上国の写真を見せられた市民は口々に「昔の志布志とおんなじだ」とつぶやいた。

　西川はこの日のJICAのプレゼンのために、大学で国際関係論を学んでいる息子をわざわざ広島から呼び戻した。

　夜は一行が宿泊している国民宿舎に環境政策室を含む市民環境課のたくさんの職員たちが一升瓶を下げてやってきた。宴会が始まった。鹿児島で酒といえば焼酎のことである。すぐに盛り上がる。しばらくわいわいやっていると「ゴツン」「ゴツン」と大きな音がする。みんなが不思議そうに音

の方を振り向いた。新人JICA職員の加納がコックリコックリと居眠りをしながら時々テーブルにおでこをぶつけている。皆が笑った。

その後、西川はフィジーで2008年後半から始まる廃棄物の技術協力プロジェクトの国内支援委員をJICAから委嘱される。いわばプロジェクトのアドバイザーである。これを契機として志布志市で途上国からのJICA研修員の受け入れが始まった。

志布志市の取り組みはユニークだ。市民の協力を得るためのいろいろな仕掛けが考えられている。プログラムのネーミングも凝っていて面白い。

市民が自分で登録した道路区間を責任を持ってきれいにする『マイロード・クリーン大作戦』、学校の牛乳パックをトイレットペーパーに再生する『お帰りなさい牛乳パック君』、ひまわり栽培→食用油→調理→生ごみコンポスト→ひまわり栽培と循環させる『サンサンひまわりプラン』、生ごみから作ったコンポストの『循（じゅん）ちゃん』などだ。また、こういった取り組みに参加した市民は取り組みの度合いに応じて商品に交換できるチケット（地域通貨『ひまわり券』）を受け取ることができる。

志布志市は焼却炉を持っていない。いや、持たない選択をしたのである。徹底した分別で埋立に回るごみを減らしている。市内には600を超えるごみステーションがある。これらのごみステーションはそれぞれのコミュニティが管理する。ごみステーションといっても公民館の広場、道路脇、空き地などで、収集日にたくさんの分別用のかごが並べられてごみステーションとなる。市はこの管理をコミュニティに委ねている。その代わり、市が収集したリサイクル品の売却益の約半分の金額を補助の形で市民に還元している。

志布志市が使用している最終処分場は1990年に建設されて供用が開始された。当初計画では2004年には満杯になるはずだった。ところが、ごみの減量化が進んだため、20年以上寿命が延びた。焼却炉なしで、である。志布志市は環境省が毎年発表するリサイクル率で人口10万人以下

の市でナンバーワンを何年も維持している。

志布志市の取り組み　　　　　　　　　　　　　　　　　　写真提供：志布志市

西川は無事にフィジーに到着した。街ですれ違うと「ブラッ」とあいさつされた。日本語で言えば「こんにちは」だ。今度はすれ違う人にこちらから「ブラッ！」と笑顔であいさつした。西川には人も景色も何もかもが珍しかった。フィジーでは主にプロジェクトの対象であるナンディとラウトカという2つの自治体のごみ処理を視察する。ごみの分別はされておらず、ほぼすべてのごみが処分場に捨てられている。昔の志布志と同じだ。西川は滞在中に少しずつ手応えを感じ始めていた。志布志の経験がきっと役に立つに違いない。

ラウトカ市から次の訪問地に移動する前に、市役所で初めてカヴァを振る舞われた。西川はおそるおそる泥水のようなカヴァを飲んでみた。すぐにピリピリと舌が痺れ、口の中の感覚がなくなる。数時間不快な感覚が残った。それ以来カヴァは遠慮している。

「やっぱりビールの方がいい」

志布志市では翌年（2009年）から本格的にフィジーの自治体やコミュニティの人々を研修に受け入れた。多くの研修員が西川の薫陶を受け意識が変わった。西川の熱い思いが研修員に化学反応を引き起こすのだ。ナンディ町のナフィザもその1人である。フィジーの3Rプロジェクトが始まった当初、ナフィザは行政の職員としては使い物にならなかった。やる気もなく、すぐに疲れたといってよく早退した。ところが志布志の研修から戻ってきて、彼女は大きく変わった。

「私は志布志に行って、自分がやるべきことがわかったんです」

西川の背中を見て、彼女は行政マン（ウーマン）としての役割に目覚めたのである。

数年後の2013年9月、ナフィザは同僚のプレミラとともにソロモン諸島のホニアラに来ていた。J-PRISMのローカル講師派遣プログラム（南南協力の1つ）で、教師を対象にした学校でのごみ教育のプログラムを指導するためである。フィジーではクリーンスクールプログラムと呼ばれている。もともとナンディに派遣されていた青年海外協力隊のユミが考案し、始めたものだ。ナフィザとプレミラはその活動をさらに発展させて継続していた。J-PRISMが始まってからはユミの後任のカヨ（笹岡佳代）とともに学校を回っていた。前年にもJ-PRISMの支援で、プレミラと協力隊員のカヨが隣国のキリバスを訪れて同じく教師を対象としたワークショップを開催した。

ソロモン諸島のホニアラで彼女らを待ち受けていたのは環境省のローズマリーとウェンディだ。彼女らのイニシアチブでホニアラ市の担当者たちとともに学校の啓発プログラムを計画し、エコスクールプログラムと名付けた。

ナフィザはさらに2015年にはマーシャル諸島に派遣され、同じく教師や行政の人たちの指導を行った。彼女はフィジーの3RプロジェクトとJ-PRISMの経験を通じてたくましく成長し、今では地域でも最も信頼されるトレーナーの1人である。（4-8章参照）

志布志のエピソードをもう1つ紹介しよう。これも志布志市の研修での出来事である。

マーガレットはバスを降りて広々とした畑を見渡した。今日は土曜日だが、西川は志布志の文化に触れてもらいたいと、市民との交流を企画していた。畑仕事である。もう1つの目的は、行政の役割は市民へのサービスを提供することであり、上位の者が自ら現場に行って市民の声に耳を傾け、汗をかくべきだということを西川は研修員に伝えたかった。

その日は梅雨が明けたばかりの7月下旬の晴れた日で、朝から太陽がじりじりと照りつけていた。里芋畑では5〜6人の女性がしゃがみ込んで作業をしていた。シルバー人材センターから派遣されている高齢の女性たちである。

市民と一緒に農作業をする研修員たち　　市民交流会でのマーガレット（前列）と西川（後列）
　　　　　　写真：西川順一　　　　　　　　　　　　　　写真：西川順一

マーガレットはソロモン諸島のギゾという離島から来ている。赤道に近いギゾはとても暑い。この日の志布志もむしむしとして暑かった。女性たちを見ると麦わら帽子の下はすでに汗が光っている。

マーガレットの隣では別の研修員が不満そうに声を上げている。

「なんで土曜日に畑仕事なんだよ。しかもこんな暑い日に」

もちろん英語なので西川にはわからない。それを聞いてマーガレットは顔をしかめた。

しばらく作業をした後で、マーガレットは顔を上げて、通訳を介して西川に尋ねた。

「ねえ、ねえ、西川さん。あのおばあさんたちも税金を払っているんですか？」

西川は一瞬何のことかと訝ったが、

「そうだよ。あのおばあさんたちもちゃんと税金を払ってますよ」と答えた。

するとマーガレットは感慨深げに西川に言った。

「そうすると、あのおばあさんたちが払ってくれた税金のおかげで、私たちはこうして日本に来て志布志で研修を受けることができるのね。あのおばあさんたちにも感謝しないといけないわ。それなのに文句ばかり言って、なんていう人たちなんでしょう！」

不平を言っていた2人の研修員はとっくに作業を止めて木陰に隠れて涼んでいた。

その日から西川の中でマーガレットの株がビューンと上昇した。

志布志市の研修員受け入れは約10年になる。太平洋の島国だけでなく、世界中からJICA研修員を受け入れている。そのため今では市民は途上国からの訪問者にまったく違和感はない。小さな自治体にとって負担が大きい事業にもかかわらず、市民ぐるみで研修員たちを温かく迎えている。西川は常々こう話している。

「海外から研修員を受け入れることは市民の励みにもなるんです。自分たちの志布志方式が世界標準になって、市民も誇りを持ってくれています」

## 3-3. J-PRISMの準備（探検）

志布志市が本格的に研修員の受け入れを開始する少し前、2009年の5月に北海道で第5回太平洋島サミットが開催された。このタイミングに合わせて、14カ国の廃棄物管理を所管する中央政府の関係者を招いて、JICA九州センターでワークショップが行われた。大洋州の廃棄物の課題と

今後の日本の協力を話し合うためである。地域国際機関のSPREPからはエスタとフランクも参加した。エスタはカリブ海のセントヴィンセント、フランクはパプアニューギニアの出身だ。

このワークショップ期間中には鹿児島県の志布志市の訪問が組まれていた。バスで志布志市役所に到着すると、玄関の前に本田市長以下、職員がたくさん集まって横断幕で研修員一行を歓迎した。市長の歓迎のあいさつがあり、サモアのトニー（環境省次官補）が参加者を代表してお礼を述べた。ワークショップの参加者は、また西川の熱いトークの洗礼を受けた。現場を視察し、志布志市の取り組みが、行政と市民と民間業者の良好な関係の上に成り立っていることを知る。

14カ国の顔触れは、クック諸島、ミクロネシア連邦、フィジー、キリバス、マーシャル諸島、ナウル、ニウエ、パラオ、PNG、サモア、ソロモン諸島、トンガ、ツバル、バヌアツで、この中からクック諸島、ナウル、ニウエを除く11カ国から日本政府に対し正式な外交ルートを通じて引き続き廃棄物分野の支援の要請が出された。

このワークショップのすぐあとの2009年の6月〜7月にJICAの支援によってSPREPにより2005年に策定した地域廃棄物戦略の見直しが行われ、9月にその改訂版『Regional Solid Waste Management Strategy 2010-2015』がSPREP年次総会で承認された。先の本邦研修にSPREPのフランクとエスタを招聘したのはこの地域戦略の見直し・改訂版策定への布石である。大洋州の11カ国からの日本政府への協力要請に対応するため、翌年2010年にJICAは技術協力プロジェクトの案件形成のための調査団を派遣する。J-PRISMと名付けられたプロジェクトは、地域の廃棄物戦略の実施支援を通じて地域全体と各国のキャパシティの向上を支援するというグランドデザインになった。2002年のナンディでの外務省尾池課長（当時）の構想がようやく本格的に実現しようとしていた。

## 3-4. 命の誕生とマタイの称号（使命）

「自分は神様に見捨てられていなかった」と潤んだ目でファフェタイがつぶやいた。2010年の6月、この日、ファフェタイはJ-PRISMの案件形成の調査団の一員としてフィジーとキリバスの協議を終えてトンガの首都ヌクアロファにいた。そこでニュージーランドに住む家族から第一子誕生のうれしいニュースがもたらされたのである。ファフェタイは前妻と別れたあと、新しいパートナーと出会っていた。自分には子供が授からないのではないかと、今か今かと祈るような気持ちで誕生の知らせを待っていた。安堵すると、また涙が流れる。なんとも涙もろい男だ。この調査に参加して、ファフェタイは初めてサモア以外の各国の廃棄物管理や処分場の状況を観察することになった。旧知のJICAトンガ支所長の松井信晃の案内で、調査団長（天野）と3人で、首都トンガタプの韓国焼肉レストランでお祝いをした。自分は神様に感謝しなければと、また目を潤ませた。

この調査でファフェタイは初めてJICA調査団の一員として参加した。フィジーやキリバスと同様に、トンガ側もなぜサモア人のファフェタイがJICA調査団に含まれているのか不思議がっていた。ファフェタイは最初こそ遠慮していたが、団長に促されて徐々に自分の意見を述べるようになり、各国の代表と対等に議論するようになった。彼の豊富な経験と知識は地域各国のカウンターパートを納得させるに十分なものだった。

調査団はフィジー、キリバス、トンガからバヌアツの協議を経て、ソロモン諸島に飛んだ。首都のホニアラではデブラやローズマリーらとソロモンでのプロジェクトの成果目標や活動について協議した。翌日はプロジェクト対象候補地である離島のギゾに飛び、ギゾのプロジェクト関係者と協議を行う。ギゾはソロモン諸島の中でもパプアニューギニアにも赤道にも近い。とにかく暑いうえに湿気があってすぐに体力を消耗する。こんなところでは一生懸命働く気にならないのも無理はないと納得する。そんなことをしたら死んでしまいそうな気候だ。

クーラーは大きな騒音の割には相変わらず熱気を室内に排出しているだけの代物だ。保健省のフレッドと西部地方政府のマーガレットらが神妙な顔をしている。このときにはマーガレットはまだ志布志の西川とは出会っていない。西川を感激させるのは何年か後のことだ。調査団は技術協力プロジェクトについて説明する。なにしろフレッドやマーガレットにとって技術協力プロジェクトは初めての経験なのだ。

ギゾからの帰りは雨になった。ファフェタイと団長（天野）は16人乗りのツインオッターという小さな飛行機に乗り込んだ。豪雨の中で運良く飛び立ったものの、右も左も上も下も厚い雲に覆われ、綿菓子の中に頭を突っ込んでいるかのようだ。ファフェタイは周りを見回した。狭い通路を隔てた窓際の席で団長は帽子を深くかぶってすでに爆睡している。

この哀れな蚊とんぼのような飛行機は雲の切れ目を探して上がったり下がったり旋回したりを繰り返している。雨はますますひどくなり、一寸先も見えなくなった。ファフェタイの肩を水滴が濡らした。雨漏り？

後ろの何人かの乗客が騒ぎ出した。「おい、パイロット。引き返した方がいいんじゃないか？」またガクンと揺れて、ストーンと落下する。エアポケットだ。乗客は両足を突っ張って、必死に肘掛けにしがみついている。「オーマイゴッド！」「アーメン」

ファフェタイは胸の前で小さく十字を切った。自分は生まれたばかりの子供に会えない運命なのかもしれない。やっぱり神様は俺のことが嫌いなんだ。だから…。

団長は相変わらず死んだように眠っている。よほど疲れているに違いない。

小さな飛行機が風雨に翻弄されるように何度も上昇や下降を繰り返し、右や左に旋回した。そうして燃料が尽きるんじゃないかと思うほどの時間が経った。パイロットはようやく進路を決めたようだ。水平飛行に移り、しばらくすると雲が切れてきた。揺れも小さくなった。遠くにホニアラの街の灯りが見えてきた。もう大丈夫だ。神様アリガトウ。

この1回目の調査に続いて、さらに8月からは2チームに分かれて第2次調査を実施した。ファフェタイは天野と一緒に調査団の一員として南の7カ国（サモア、フィジー、トンガ、キリバス、バヌアツ、ソロモン諸島およびパプアニューギニア）を回った。北は担当課長の鈴木を団長に、職員の吉田健太郎と評価コンサルタントの間宮しのぶのチームで3カ国（パラオ、ミクロネシア連邦、マーシャル諸島）を回り、両チーム合わせて10カ国と別々のM／M（協議議事録）を作成し、署名した。

　この第2次調査の最後に、調査団は9月にパプアニューギニアで開催されたSPREP年次総会に合流した。日本からJICA地球環境部長を迎えてサイドイベントを開催し、J-PRISMの『地域協力協定』の署名式を行った。地域協力協定は11カ国からの別々の支援要請をまとめ、1つの広域プロジェクトとすることを合意するためのものだ。

　SPREP総会の最終日には日本人JICA関係者は帰国したあとだったが、JICAはオブザーバーとしてコメントを求められた。まだ会議に残っていたファフェタイはJICAを代表して堂々とJICAの新しい協力について述べた。彼はこの調査からJICAの一員として地域の中で認められるようになった。さらに翌年、サモアで5本の指に入る最高位のマタイの称号を与えられる。ファフェタイは名実ともに地域のリーダー的な役割を担うことになる。

# 第4章

## 嵐との遭遇

－広域プロジェクトの苦闘と南南協力の促進－

## 4-1. J-PRISM開始（出帆）

「船出はいつも希望と不安に満ちている」

いよいよJ-PRISMが開始される。まだサモアでは雨期が明けていない2011年の2月3日の夕刻、チーフアドバイザー（天野）が日本を出発した。翌4日の朝にニュージーランドに到着し、6時間待合室で過ごした後、午後の便でサモアへさらに4時間。当時サモアへは途中で日付変更線を超えるため、サモアでは2月3日のままだ。一日分得したような気分になる。寒い日本から来ると、「空の旅冬から夏にひとっ飛び」の感がある。ところがいきなりロストバッゲージで荷物が出てこない。太平洋の路線ではよくある光景だ。ここでは飛行機にまつわるあらゆるトラブルが経験できる。慣れてしまえば腹も立たない。ここはパシフィックだ。

J-PRISMは地域国際機関のSPREPと協働でプロジェクトを実施するということで、サモアのSPREPの本部にプロジェクトを管理する出先機関（プロジェクトオフィス）を設置した。当初はファフェタイとチーフの2名体制で開始した。業務調整と研修企画を兼務するJICA職員の加納が赴任してくるのは半年後のことだ。直営のチーフアドバーザーの下に業務調整員を複数名配置し、このほかに、契約で各国の個別の活動を指導する短期専門家を3つのサブ地域（メラネシア、ポリネシア、ミクロネシア）にそれぞれ2～3名ずつ派遣する。短期専門家は現地に常駐するのではなく、日本から年に数回各国に派遣されるため、カウンターパートにとっては家庭教師のような役割を持っている。短期専門家が不在の期間はプロジェクトオフィスの専門家が必要に応じて現地を訪れて活動のフォローを行うのである。

---

**BOX-3　大洋州地域廃棄物管理改善支援プロジェクト（J-PRISM）**

J-PRISMの概要は以下のとおりである。

1. **プロジェクトの目的：**

　地域廃棄物戦略の実施を通じて廃棄物管理にかかる地域の人材

や制度の基盤が強化される

## 2. プロジェクト期間：

2011年2月～2016年2月（5年間）

## 3. プロジェクト対象国：

大洋州島嶼国のうち11カ国（ミクロネシア連邦、フィジー、マーシャル諸島、キリバス、パラオ、パプアニューギニア、サモア、ソロモン諸島、トンガ、ツバル、バヌアツ）

J-PRISMはユニークなプロジェクトで以下のような特徴がある。

## 1. 超広域プロジェクト

広大な太平洋の中の11カ国を対象とする広域プロジェクトで、各国の活動がそれぞれ異なることに加え、国境を越えて地域で行う活動の両方からなっている。プロジェクトの対象範囲は東西6,000km、南北4,000kmになる。

## 2. 過去の協力の積み上げ

大洋州への廃棄物分野の協力は2000年の太平洋島サミットに向けた桜井レポートの提案に沿って、初めてシステマチックな協力が開始された。以来、J-PRISMが始まる前の2010年までは、研修を主体とした14カ国対象の広域協力と、日本と相手国の二国間の協力がサモア、パラオ、バヌアツ、フィジーで実施された。こうした過去の協力がベースとなって、その経験の上にJ-PRISMがある。JICAの協力で策定された地域の廃棄物戦略の実施の支援を通じて、各国と地域全体の廃棄物問題の解決能力を向上することを目指している。

## 3. 他事業との協力

大洋州には多くの協力隊員が派遣されている。もともと廃棄物分野の協力で派遣されている人は少ないが、現地でごみに目覚める人は多い。また、日本の自治体やNGOに国際協力に参加してもらう取り組みがあり、志布志市、沖縄リサイクル運動市民の会、子供環境活

動支援協会(LEAF)などがフィジー、サモア、トンガ、ソロモン諸島などで活動している。各国の大使館が取り扱う草の根無償(草の根・人間の安全保障無償資金協力)というプログラムもある。こうした異なる複数のプログラムと連携しながらプロジェクトを実施することが求められる。

## 4. 他国際機関・援助機関との連携

プロジェクトの実施は地域国際機関であるSPREPと協力しながら行う。また、国際労働機関(ILO)とも労働安全衛生の分野で協力することで合意した。そのほかこの地域ではEU、UNEP／地球環境ファシリティ(GEF)、フランス援助庁(AFD)、オーストラリア、ニュージーランドなどが廃棄物分野での協力を行っているため、彼らと連携を取りながら援助の重複を避ける必要がある。

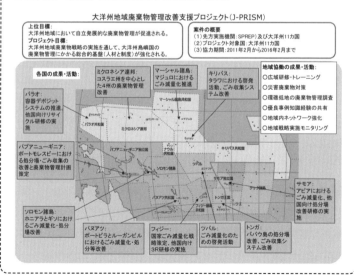

3月に入って各国を担当する短期専門家が派遣されることになり、初めて大洋州の各国を回って指導を行うエックス都市研究所の専門家の川内

高明と四阿秀雄の2人と、天野はサモアで数日間打合せを行うことになった。プロジェクトの方針を伝え、意見交換を行うためである。打合せの夜、チーフたち3人に環境教育の協力隊員を加えた一行はレストランで食事をしていた。すると隊員の携帯に連絡が入る。緊急連絡網の電話だ。日本で地震があったらしい。その夜はそれほど深刻に捉えていなかった。ところが翌日のニュースで甚大な被害があったことを知ることになる。さらに、その影響で、海沿いにあるサモアの空港が閉鎖され、その日に出発するはずだった四阿の乗る便がキャンセルになり、サモアから出られなくなった。

　日本で地震のあった夜、ファフェタイは首都アピアのスポーツバーの大型画面でラグビーの試合を観戦していた。突然、緊急ニュースに切り替わり、日本の津波のすさまじい映像が映し出された。サモアでは1年半前の2009年の津波で200人近い死者が出た。まだ記憶に新しい。その映像を見た客は蜘蛛の子を散らすようにあっという間に誰もいなくなった。数日後、サモアでも被害に遭った日本の復興支援のための募金活動が始まる。

　同年9月に開催されるJ-PRISMの第1回プロジェクト運営会議のためにサモアを訪れていたJICA上級審議役の岡崎有二は、サモアで開催されていたSPREP加盟国会議にオブザーバーとして出席した。岡崎は議長から特別に本会議での発言が許可され、SPREP加盟各国からの日本の津波被害への支援に対する感謝の念を表明した。

## 4-2. サモアの憂鬱とバヌアツの進歩（暗礁）

　サモアは今日も晴天だ。だがファフェタイの心はずっと曇っている。J-PRISMが始まっても環境省は相変わらず停滞したままだ。彼が辞めてから何年もまったく進展がない。悪い噂が耳に入ってくる。ごみ収集サービスの質は低下し、住民からの苦情が後を絶たない。担当者は苦情を無視した。悪いのは業者だという態度だ。タファイガタ処分場も荒れ放題で放置されている。誰も管理しないからだ。

第4章　嵐との遭遇

　環境省次官のラバッサはJ-PRISMのチーフ（天野）から苦言を聞くことになる。廃棄物処理サービスが低下し、現場で何が起きているか知っているかと。だが、ラバッサは耳を貸さなかった。

　仕方なく、次の手段を講じる。チーフはファフェタイと2人で大臣のもとを訪れた。

　「大臣、かつてサモアは地域のモデルでした」

　いくつかの記事やパンフレットを開いて見せる。サモアの礼賛記事だ。

　「JICAのパンフレットにも載っているほどです。このパンフレットは世界中の人が見ています。これは彼（ファフェタイ）が環境省にいた時の成果です。でも、彼が省を去ってから悪化の一途をたどっています。今では他の国が次々とサモアを追い越してしまいました。サモアは三流に落ちています」

　「そうか。サモアは地域の中で反面教師になったということだな」

　「それを大臣の手で変えていただきたい。再びモデルとしてよみがえらせてほしいと願っています」

　「君たちの言うことはよくわかった。私も現場に行ってみよう」

　翌日、大臣は現場に赴き、職員やスタッフに檄を飛ばした。

　ラバッサはチーフとファフェタイが自分抜きで直接大臣に会ったことを快く思わなかった。サモアの環境省は巨大な組織で、10以上の部局を束ねる彼は廃棄物担当の部下から問題があるとは知らされていなかったのだ。

　この頃、J-PRISMはプロジェクトとして第1回目の処分場の運営管理の広域トレーニングを計画していた。どの国もごみの埋立地の管理状況は悪く、周辺住民から苦情が絶えない。こういった状況を改善するためのトレーニングが必要だ。サモアのタファイガタ処分場は地域で初めて福岡方式が導入された処分場であるため、当初はサモアのタファイガタで行うことを考えていた。これまでの何度かトレーニングを実施した。ところが、バヌアツのポートビラを訪問した際に、ブッファ処分場がアモスによって素晴らしくきれいに管理されているのを見て、考えを変えた。

107

ブッファ処分場は福岡方式（準好気性埋立）を採用している。先の二国間協力プロジェクト（2006年～2008年）で改善を行った。それから3年経った2011年の時点でもきちんとした運営管理が継続されている。ブッファの担当者のアモスは自分の役割を明確に理解し、自分なりの処分場の将来計画もはっきり持っている。何しろやる気に満ちている。

「よし。今年はバヌアツのブッファでやろうよ」

「え？サモアじゃないの？」

「サモアはこの状態でもいまだに他国より優れていると思っている。お灸を据えないとだめだ」

　2011年の10月、バヌアツのエファテ島の首都ポートビラでのトレーニングはパプアニューギニア、ソロモン諸島、フィジー、サモアから処分場の担当者を招聘して5日間実施された。パプアニューギニアからは首都圏庁（NCDC）の3名、ソロモンからは2名、フィジーからは2名、サモアから1名が参加。それにホスト国のバヌアツから4名の計12名が参加した。女性はNCDCのクピルとバヌアツ環境局のキャロルの2人だけだ。クピルはバルニ処分場の担当で、キャロルはホスト国からの参加である。バヌアツのキャロルはソロモン諸島のウェンディとフィジーの南太平洋大学で同級生だった。キャロルも今年環境局に入った新人だ。

バヌアツ位置図　　　　　　出典：外務省

研修員の宿泊先はダウンタウンから少し離れた山の手のホテルを確保した。静かな環境で研修員の誘惑も少ない。道を隔ててフランス語学校がある。韓国人のオーナーはJICAの国際協力にいたく感激して特別料金で研修員を泊めてくれ、最終日には韓国焼き肉で研修員をもてなしてくれた。高台にあるホテルのレストランのデッキからは海がよく見える。時々大型の客船が湾に入ってくる。そんなとき、街は観光客で一杯になる。

初日は室内で研修概要や福岡方式の講義で終わった。2日目からはいよいよ現場での実践的なトレーニングだ。まず、ファフェタイの指導で準備体操が始まる。体がほぐれたところでアモスの案内で現場を一通り視察する。その後、模型を使って準好気性埋立の原理を説明する。午後はアモスがブルドーザーを運転し、実際の埋立作業を実演して見せた。アモスはもともと機械屋さんでブルドーザーもバックホーも運転でき、故障の修理も自分でやるスーパーマンだ。こういう人材は大事にしなければいけない。特に、もともと人材の層が薄い小さな島嶼国にとっては貴重だ。組織にとっての資産は、高価な機械ではなく、経験や技術を持った人なのだ。

バヌアツのブッファ処分場での広域トレーニング　　　　　　　　　　写真提供：J-PRISM

3日目は現場でコンクリート管の製作の実演や埋立層のガス抜き管の修復、4日目は浸出水の循環処理システムの設置と試運転を一日がかりで実施した。コンクリート管の製作には鋼製の型枠を使う。2006年〜 2008年

の技術協力プロジェクトの時に作ったものがまだ使える。きちんと手入れをしている証拠だ。晴天が続き、全員が黒く日焼けしている。

　トレーニング中にポートビラ市の市長代行が視察に来た。ポートビラ市は慢性的な財政破綻状態が続いている。市長が解任され、中央政府から市長代行が派遣された。彼女は現場で各国からの研修員たちを激励した。

　「ごみ処理は行政の重要な役目です。このようなトレーニングがポートビラ市の処分場をモデルに行われることを大変誇りに思います。私は今後も廃棄物処理には優先的に予算をつけると約束します」

　市長代行はトレーニングの最終日に研修員全員を招待して会食の場を設けてくれた。みんなはポートビラ市のもてなしに感謝する一方で、市の財政は大丈夫かと心配した。アモスは与えられた予算の中でブッファ処分場を引き続き適正な状態で運営管理し、太平洋の中でブッファが最も適正に管理された時代がしばらく続いた。


　その頃サモアでは相変わらず苦戦が続いていた。ファフェタイがかつての同僚や部下を叱咤激励しながら指導しようとするが、活動は停滞し一向に進まない。プロジェクトの毎年の活動計画がほとんど翌年に横滑りするだけだった。それでもプロジェクトでタファイガタ処分場にウェイブリッジ（車ごと重さを量る計量台）の設置に向けて入札が行われた。ウェイブリッジの運転とデータ管理を学ばせようと3人のスタッフをフィジーのラウトカに研修に送り込んだ。ところが入札が2回不調に終わり、なかなか業者が決まらない。3回目の入札でやっと決まった。落札したのは以前タファイガタの改善工事を行ったあのブルーバードである。社長の息子のゼンが大学卒業後、ニュージーランドの建設会社で経験を積んで、父親の後を継ぐべく3回目の入札の前に戻ってきた。

　ウェイブリッジの設置工事はゼンが責任者で実施した。予定どおりに工事が終わり、サモア政府への引き渡し式が行われることになった。日本

側からは在ニュージーランド日本大使、JICA支所長、プロジェクト関係者が、またサモア側からは環境省の他に来賓としてツイラエパ首相や閣僚が出席した。

当日は式の途中からポツリポツリと水滴が落ちてきた。雨は次第に激しくなって、テントの屋根を打つ。風も出てきた。丁度、首相のスピーチのときに土砂降りになった。激しい横殴りの雨が降り始めると、ゴーという風と、テントにはじける機関銃のような雨の音でスピーチがかき消される。付き人が首相の横で必死に傘を押さえている。太ったテディベアのような体をかがめながら首相が「We are blessed！ God is blessing us！」と叫ぶ。参列者も濡れないように身を縮め、首相の仕草を見てクスクスと笑う。『雨は神の祝福』だという言い伝えがあるのだ。

タファイガタ処分場のウェイブリッジと引き渡し式典でスピーチするツイラエパ首相　　写真：筆者

2013年の8月から9月にかけて、J-PRISMのプロジェクトの前半の活動の進捗を調査する中間レビュー評価が行われた。3人の評価コンサルタントが手分けして地域の10カ国を回ってヒアリングを行った。その結果報告を兼ねて、J-PRISMの対象国が集まってステアリングコミッティー（プロジェクト運営会議）がサモアで開催された。開催時期を例年と同じようにSPREP年次総会（加盟国会議）に合わせたのだ。今年はサモアで開催されている。年次総会の本会議のあとでJ-PRISMのステアリングコミッ

ティー会議が開催された。

会議ではJ-PRISMの過去1年間の活動概要が報告され、優秀な成果を収めた個人とチーム（国）が表彰された。個人賞はミクロネシア連邦ヤップ州のティナ、チーム賞はトンガだ。

引き続いて、プロジェクトの前半の2年半の成果や進捗に対する評価結果が発表される。評価コンサルタントの間宮はプロジェクトの対象11カ国の評価を示した表を見せた。各国の活動はそれぞれ異なるため単純な横並びの比較はできない。それでもうまくいっているのかどうかはわかる。

あちこちから、大きく歓声が湧き、小さくため息が漏れた。

キリバスの代表が発言する。

「私の国はこれまで一度も表彰されていないので恥ずかしい。来年は表彰されるように頑張りたいと思う」

彼女は前年の会議のあと、チーフを呼び出して担当の専門家を代えて欲しいと迫った。なかなか成果が出ないのは専門家のせいだというわけだ。チーフはきっぱりと断る。

「JICAが自信を持って派遣している専門家を代える必要を認めない。代えるくらいならキリバスから手を引くしかないよ。技術協力プロジェクトはカウンターパートが手を動かして初めて成果が出るもので、専門家が成果を出すわけじゃない。どうすべきか専門家とよく話し合って欲しい」

「わかりました。私もプロジェクトへの関与が足りませんでした。専門家の次の派遣時に一緒に話し合ってみます」

1年経って、技術協力に対する彼女の理解が深まったようだ。

キリバスに続いてサモアのラバッサ（環境省次官）が発言した。

「サモアの評価がこんなに悪いとは知らなかった。自分がそれを知らなかったこと自体が問題だ」

会議の後、ラバッサは何人かの部下を呼びつけて、みんながいる前で叱責した。サモアでは珍しい光景だ。そしてファフェタイに言った。

「(ファフェ)タイ、今後は問題があったら自分に直接報告してくれ。俺が陣頭指揮を執ってプロジェクトを進める。こいつらは俺にきちんとプロジェクトの情報を上げてこない」

その後、ラバッサの指導でサモアでの活動がようやく進み始めたように見えた。プロジェクトオフィスとSPREPの誰もが喜んだ。ところが、その2カ月後にラバッサが急逝する。まだ40代半ばの働き盛りだ。彼はサモア政府の中でも将来を嘱望されたスターだった。対外的にもサモアや太平洋地域の代表としていくつもの国際会議で堂々と発言し、注目を浴びる存在だった。ラバッサの早すぎる死によって、またもサモアの活動が停滞することになる。

## 4-3. チームソロモン(反乱)

「雨降って地固まる」

ソロモンの物語には3人の女性が欠かせない。デブラ、ウェンディ、そしてローズマリーである。いずれも環境省の所属だ。

2012年に留学から戻ってきて、ローズマリーは愕然（がくぜん）とした。留学中に開始されたJ-PRISMには案件形成の2010年の段階で関わっていた。当時は同僚のデブラが中心となってみんなをとりまとめていた。2011年にプロジェクトが開始され、デブラがソロモンのプロジェクトマネージャーとして活動を主導していると聞いていた。なのに、なんでこんな大学を出たばかりの小娘がプロマネなの？しかも臨時雇いの職員だし。留学から戻ってくると、しばらくぶりの組織や仕組みのアラがよく見える。そして自分は何でもできるような気がしている。このときのローズマリーがそうだ。

J-PRISMが開始される前にJICAソロモン支所長だった渡辺督郎は案件形成の調査団に対して、

「ソロモンの人たちは本当に主体性に欠ける人たちですので、どうかよろしくお願いします」と、ソロモン人への愛情あふれるまなざしで語った。当時はプロジェクトを開始する前から技術協力がうまくいくかどうか危ぶまれ

るほどだった。技術協力は相手側の主体性がなければうまくいかない。もっとも、主体性を引き出すのもプロジェクトの役目である。

　J-PRISMのソロモンの活動ではガダルカナル島の首都ホニアラ市とパプアニューギニアに近い西部州の離島のギゾが対象地だ。ガダルカナル島は太平洋戦争最大の激戦地である。中央政府の環境省をリーダー役としてホニアラとギゾの2つのプロジェクトサイトで活動を行うことになっている。ホニアラとギゾの活動は、不適正なごみ埋立地の改善やごみ収集の改善など廃棄物管理の基本的なことだ。なにしろ初めての技術協力なので担当者たちの意識から変える必要がある。外から来た誰かがやってくれるという依存心を断ち切らなければならない。自分たちが主役だという意識が必要だ。彼らがプレーヤーであり、外部の専門家はあくまでコーチに過ぎない。コーチが見かねて手を出すことは御法度なのだ。だから専門家は辛抱強さが要求される。

ソロモン諸島位置図　　　　出典：外務省

　プロジェクトが始まると、環境省のデブラはプロジェクトのリーダーとしてホニアラやギゾの関係者をよくまとめ上げ、着実に活動を進めた。環境省の少ない予算をやりくりして、ホニアラ市の活動に回すこともあった。JICAソロモン支所の企画調査員の浅野洋子がこまめに彼らをサポートした。こうした間にウェンディが臨時職員として環境省に雇用される。フィジーの南

太平洋大学を卒業したばかりの彼女は小柄でまだ少女の面影を残していた。ウェンディはよく気が利いて優しい性格だ。デブラの下で連絡係としてホニアラとギゾの関係者をつなぐ役目を果たした。

しばらくすると、今度はデブラが留学することになった。デブラはソロモンのプロジェクトマネージャーとして、自分の後釜にウェンディを据えることを考えていた。しかし、なにぶんにも年が若い。ホニアラやギゾの海千山千の関係者が異論を唱えるのは想像するに難くない。そこで浅野に相談した。

「浅野さん、私はウェンディをプロマネに指名したいんですが、反対があるかもしれません。何かいい案はないですか？」

「そうね。私もウェンディがいいと思う。今度のJCC（各国別のプロジェクト調整会議）にはサモアからチーフが参加するから、相談してみるね」

浅野から相談を受けたチーフ（天野）は2人の意見を尊重し、ウェンディのプロマネの案を了承した。それからJCCの会議の前にホニアラの関係者の中では重鎮の保健省のトムに根回しをした。トムは2002年のサモアの研修の参加者である。しゃべり出したら止まらないタイプだ。また、ギゾの責任者のフレッドにも話をした。それが功を奏したのか、会議ではウェンディの次期プロマネ指名の提案がすんなりと認められた。この時のJCCの会議にかかる費用も関係者間で環境省、保健省、ホニアラ市で分担した。他の国よりもプロジェクトにかかる費用を負担しようと努力した。立派な心がけだ。

こうしてウェンディがデブラの後を継いでJ-PRISMのプロジェクトマネージャーとなったのは2012年の2月のことである。ウェンディは期待に応えてプロジェクト関係者の会議を自主的に開催し仲間意識と自主性を高めようとする。会議の議事録も数日後には作成しソロモンの関係者だけでなく、サモアのJ-PRISMのプロジェクトオフィスにも送ってくる。また、以前、川内専門家の指導を受けた「ごみ量・ごみ質調査」を自分たちだけで実施し、報告書を送ってきた。

「ウェンディ、やるなー」とサモアのプロジェクトオフィスのマコが感心す

る。マコは2012年の6月にサモアに赴任したばかりだ。もともと製薬会社に勤めており、現職参加制度でバヌアツの保健医療隊員として2002年から2年間活動した。帰国後何年か経って中途退職し、環境省に職を得た後、J-PRISMの専門家として戻ってきた。彼はソロモン諸島を含むメラネシア地域を担当する業務調整員だ。

「チーフ、今年はソロモンを表彰しましょうよ」と加納が提案する。

同じ年の9月、ニューカレドニアの首都ヌメアでSPREP年次総会（加盟国会議）が開催された。

2012年9月のニューカレドニア・ヌメアでのSPREP年次加盟国会議
写真：筆者

同時にJ-PRISMの第2回のステアリングコミッティー（プロジェクト地域運営会議）をSPREPの年次総会に合わせて開催した。日本はSPREPの加盟国ではないがJ-PRISMの地域レベルでのプロジェクト運営会議をSPREP総会に合わせて行う理由は2つある。1つ目は費用削減のため。2つ目は会議の数を減らすためである。プロジェクト関係国の多くがSPREP総会に参加するため一石二鳥の狙いがある。この2回目の地域運営会議で、ソロモンは団体表彰を受けた。"The Best Counterpart Team of the Year"という賞だ。この賞はその年にチームとしてプロジェクト活動を盛り上げた国や自治体を表彰するものだ。会議ではギゾのデラルドが招聘されてプレゼンを行った。この年の前半にファフェタイがギゾ

を訪れ、ギゾの処分場の改善を指導した。デラルドはその活動の様子を説明したのだ。チームソロモンの絶頂期だ。主体性がないのでよろしくと言った、渡辺の予測は見事に外れることになった。ちなみに個人表彰は" The Best Counterpart of the Year " でバヌアツのアモスが受賞した。ブッファ処分場の素晴らしい運営管理と広域研修での指導が高く評価された。ただし、これらの賞は毎年チーフの独断で決められた。

　ローズマリーが留学から戻ってきたのは丁度その頃だ。彼女は大柄で、おまけに弁も立つ。彼女はプロジェクトの重要性を理解していた。それゆえに関係者の多いソロモンのプロマネは強いリーダーシップが必要だと考えていた。彼女はウェンディが気に入らない。ウェンディはぐいぐい引っ張るタイプではなく、フットワークの良い調整役だ。しかもとても若いうえに臨時雇いだった。こんな不安定な臨時職員にプロマネは任せられない。ローズマリーは何かと注文をつけ始めた。そして臨時雇いのウェンディにプロマネを任せるべきではないと上司に進言した。当時の次官はそれを受け入れ、ウェンディの代わりにローズマリーをJ-PRISMのプロマネとして任命した。

　今日はプロジェクトの定例会議だ。ローズマリーは参加者をぐるりと見回して、発言する。

　「J-PRISMは我々にとって初めての廃棄物の技術協力プロジェクトよ。そのプロジェクトマネージャーを不安定な身分の臨時職員に任せるべきではないわ。それで次官から私がやるようにいわれたの」

　彼女の迫力ある声に男たちはみんな下を向いた。小柄なウェンディもさらに小さくなる。

　誰も反対する勇気はなかった。

　ローズマリーがウェンディを押しのけてプロマネをやることになった。次第にソロモンチーム内の不協和音がサモアのプロジェクトオフィスまで聞こえてくる。

　「ローズマリー何やってんの？」

　「ウェンディ、大丈夫か？」

と、サモアのプロジェクトオフィスでもウェンディの立場を心配した。

しばらくして、ウェンディが解雇された。政府の方針で、各部署に配置されていた臨時職員が一旦全員解雇されることになったのだ。ローズマリーの危惧が現実となった。

すぐにウェンディはサモアにいるチーフ（天野）に推薦状を書いて欲しいとメールを出した。再就職のために必要だからだ。彼女は環境省に正規の職員として雇用してもらうように再度応募しようと考えていた。ただし、雇用されるかどうかも、いつになるかもわからない。そこでサモアのプロジェクトオフィスとJICAソロモン支所が相談し、当面はウェンディをソロモンでのJ-PRISMのプロジェクトアシスタントとして雇用することにした。彼女はプロジェクトにとって必要な人材だ。彼女を失うのは忍びない。

ローズマリーがプロマネになってから、首都のホニアラと離島のギゾの関係が途絶えてしまった。環境省に調整役のウェンディがいなくなって、ギゾのカウンターパートとローズマリーの関係は悪化した。同時にプロジェクト活動も停滞した。

そこにマタキがソロモン諸島に戻ってきて環境省次官として就任した。マタキは廃棄物で博士号を持つ優秀かつ見識の高い人物である。しかもチーフともファフェタイとも旧知の間柄だ。チーフはマタキとローズマリーにウェンディの処遇（再雇用）の善処を訴えた。

その間、ウェンディはJICAのプロジェクトアシスタントとしてコツコツと地道にプロジェクトを支え、ローズマリーも徐々にウェンディの能力を認めるようになった。

ローズマリーとウェンディは学校での3R活動推進のためにワークショップを企画し、フィジーのナンディ町のナフィザとプレミラを講師として招聘したのは2013年の9月だ。

2014年になって、ウェンディは環境省の正規の職員として採用される。ローズマリーは慣れるにつれてプロマネとしての存在感を増し、ウェンディと

ともに地方への支援を進めようとギゾにも足を伸ばした。そうして次第にギゾのカウンターパートたちの信頼を回復する。

さらに、同じ2014年の3月にはホニアラ市のラナディ処分場にやっと専属の担当者として若いジョーが雇用される。ジョーはすぐに研修のため、当時ファフェタイが改善工事を指導していたフィジーのランバサ処分場に送り込まれ、2週間ほど現場でファフェタイの指導を受けた。

ジョーがフィジーからホニアラに戻った直後の4月に集中豪雨が発生した。川が氾濫し、大きな被害がでた。洪水で川沿いの村には大量の樹木が流されて堆積していた。ラナディ処分場も浸水し、ホニアラ市と環境省からSOSが発せられる。サモアのプロジェクトオフィスはただちにJICAソロモン支所と連絡を取りながら緊急対応の策を練った。適任者のファフェタイがフィジーのランバサの改善工事で手が離せないため、バヌアツのアモスを派遣することにする。サモアからはプロジェクトオフィスのマコが支援に向かった。2人は環境省、ホニアラ市、保健省と一緒にパイロットプロジェクトを実施する。

ソロモン諸島では協力隊員や他のプログラムとの連携を進めた。2011年にJ-PRISMが始まってしばらくして、ホニアラ市役所に狐塚聡志、ギゾに大和昴平の両協力隊員が派遣され、環境教育の分野でプロジェクトと連携を図った。その後、彼らの後任が派遣され、ホニアラには安田はなこ、ギゾには上野直哉が着任し、ソロモン担当の専門家の長田顕泰と連携しながら前任者以上にプロジェクトに深く関わった。J-PRISMの支援で上野はギゾのデラルドと一緒にトンガのババウ島を訪問し、ウィニーと専門家のユリエの案内で現地のコミュニティごみ収集を学んだ。帰国後に早速ギゾでもトンガと同じような取り組みを開始した。一方の安田は、ラナディ処分場に学校の子供たちを連れて行った。ラナディ処分場はバヌアツのアモスの指導で福岡方式が導入され、大使館の草の根無償で研修棟（管理棟）が建設されていた。またニュージーランドが埋立重機を供与した。

安田はごみ教育のために現場に子供たちを案内し、研修棟でジョーと一緒に生徒への啓発活動を行った。

ホニアラでは日本のNPO『こども環境活動支援協会（LEAF））がJ-PRISMと連携する形で活動を始めた。2013年のことだ。LEAFの事務局長の小川はJ-PRISMの国内支援委員でもある。LEAFは現地に駐在員を派遣し、活動支援を行った。ごみ収集改善やペットボトルの回収を支援した。ラナディ処分場の敷地内に小さな施設を作り、回収したペットボトルの圧縮機も設置し、『3R+リターン』を試みる。

チームソロモン主催のワークショップ　　　　写真提供：J-PRISM

J-PRISM、日本大使館、JICA協力隊員、日本のNPO（LEAF）、他ドナー（ニュージーランド）が連携してラナディ処分場で協力の花を咲かせた。JICAソロモン支所では浅野が築いた関係を引き継いだ企画調査員の福田晃子がプロジェクトを丁寧に支援し、ローズマリーやウェンディとともに再びチームソロモンを蘇らせた。

ウェンディはリーダーのローズマリーの右腕としてJ-PRISMの活動を最後まで盛り上げた。そして、その後、2017年から始まるJ-PRISMフェーズ2では、ローズマリーは新たなプロジェクトをウェンディに託してプロマネの席を譲る。彼女は部下に仕事を任せるようになって、マネージャーとしてマタキ次官の右腕となり、一段高く成長した。

第 4 章 嵐との遭遇

## 4-4. パプアニューギニアの事件（危険水域）

「虎穴に入らずんば虎子を得ず」

　パプアニューギニアは太平洋島嶼国の中で人口も土地も最大の国である。天然資源に恵まれているため外国からの投資も多く、日本も天然ガスを輸入している。鉱物資源の採掘や森林関係のプロジェクトも多い。そういったプロジェクトではオーストラリア、中国、マレーシアなど、多くの外国人が働いている。その首都がポートモレスビーだ。パプアニューギニア最大の都市であるポートモレスビーのごみの終着駅がバルニ処分場だ。

　バルニ処分場は悪の巣窟と呼ばれていた。バルニ処分場周辺には約500名のウェイストピッカーが存在し、入れ代わり立ち代わり出入りしている。捨てられたごみの中から有価物や残飯を回収して生計を立てている人たちだ。とても排他的でよそ者を好まない。知らずに入り込むと石を投げられたり、車を燃やされたりすることもある。バルニ処分場に入らざるを得ないごみ収集業者は、ウェイストピッカーの子供を何人か収集作業員として雇っていた。襲われないための保険である。現地の人々でさえ怖がって容易に近づかない場所なのだ。

パプアニューギニア位置図　　出典：外務省

　バルニ処分場のウェイストピッカーはほとんどがゴイララと呼ばれる地方からやってきた人たちだ。約10のグループに分かれており、微妙な力のバ

ランスの上に内部の平和が保たれている。パプアニューギニアは別名、
" The Land of Unexpected " と呼ばれる。何が起きても不思議ではな
い、何でもありの世界だ。プロジェクトはこうした環境の中でバルニ処分場
の改善工事を行うことになっていた。

　J-PRISMが始まった2011年のこと。プロジェクトを説明し、支援を得るた
めにチーフ（天野）とファフェタイは中央政府の計画局を訪問した。計画
局は政府の予算を取り扱う部局で、そこに派遣されていたJICA専門家の
小川和美も同席した。会議は小川の調整で実現したものだ。バルニ処分
場の改善には費用の点で中央政府の支援が欠かせない。NCDCの職員
も数人が同席した。NCDCはポートモレスビー首都圏庁で、日本でいうと
東京都のような自治体である。

　チーフがJ-PRISMの概要をプレゼンした。内容はJICAの地域内でのこ
れまでの協力に加えてパプアニューギニアでの成果目標である、バルニ処
分場の改善、ごみ収集の改善、NCDCの計画策定などが盛り込まれてい
た。最後にバルニの現場の映像を見せた。部屋の中に衝撃が走る。計
画局の職員はエリートで現場に行くことはない。会議室の白壁に写った映
像には濛々と上がる煙の中で大勢の人がうごめいている。ごみ収集車から
降ろされる大量のごみに群がるウェイストピッカーたち。その周りを小さな子
供たちが裸で歩き回っている。周りはごみの山だ。

　「これはひどい。なんてことだ」

　「何とかしなくては」

　プレゼンが終わると灯りがついて明るくなった。すこし眩しそうに目を細め
ながら計画局の課長代理が口を開いた。

　「このような状況は国の責任として改善しなければと思う。プロジェクト
へのできるだけの支援を検討したい」

　その後、小川の根回しとフォローもあって計画局はプロジェクトに多額の
予算をつけてくれた。大洋州への長いJICAの協力の中で、先方がプロ

第4章　嵐との遭遇

煙の中で作業するバルニ処分場のウェイストピッカー　　　　　　　　　写真提供：J-PRISM

ジェクトに多額の費用負担をするのは初めてで異例なことだ。これでバルニの工事ができる。誰もが喜んだ。

　バルニ処分場の改善の計画はNCDCが進めていた。ところが思わぬところでストップがかかる。環境局が工事開始前に詳細な環境影響評価（EIA）を実施せよと言い出したのだ。

　環境局はNCDC同様にプロジェクトの実施機関でもあり、これまで何度も打合せを行ってきた。

　当時、詳細な環境影響評価には少なくとも1年、費用は日本円で5,000万円以上かかるといわれていた。以前の環境局との打ち合わせでは、工事の性質からして簡易の初期環境調査（IEE）で構わないという話だった。工事による土地の改変も極めて限定的であり、周辺環境への影響は小さいと合意されていた。唯一の懸念点がウェイストピッカーや周辺のスクワッターと呼ばれる不法居住者への対応だった。すなわち、住民の移転が伴うかどうかである。たとえ不法な居住者ではあっても強制的に排除することは日本側も当然避けたいことだ。この点に関してはNCDCも排除はしないということで合意していた。むしろ、劣悪な状況を改善することで作業環境とウェイストピッカーの健康や居住環境を大きく改善することができる。ところが環境局が突然に前言を翻したわけだ。いわゆるちゃぶ台返しだ。

これにチーフが激しく憤った。

「これは単なる建設工事じゃない。言い換えれば劣悪な環境を改善するための緊急対応だ。いま頃になって、時間もコストもとんでもなくかかる詳細な環境影響評価が必要な理由は何だ？」

「消防車が消火作業をやるのに悠長にEIAをやれというのか？ 火事で燃えているときに。なぜ簡易のIEEではだめなのか、きちんと説明してくれ」

環境局からは明確な回答はない。

環境影響評価に関してはさまざまな悪い噂があった。例えば外国企業は、環境局の上層部に賄賂を渡して本来実施すべき詳細なEIAを簡単に済ませているとか。しかも大規模な環境影響のある鉱山の採掘や森林の伐採のプロジェクトでだ。新聞紙上では鉱山による周辺土壌や河川の汚染の記事も出ている。汚染防止の対策がきちんと取られていないのだ。

環境影響評価にはいくつかのレベルがある。ところが明確な規準がないためどのレベルにするかは環境局の担当者の意向に左右されがちだった。工事やプロジェクトを始めるには『環境許可』を取得する必要がある。許可の前提として、環境影響評価を実施し、問題ないことを示す必要があった。そこで事業を申請する業者との癒着がでてくる。

開発途上国での協力とはいえ、プロジェクト実施においてはその国の法律や規制は守らなければならない。また、時には相手国側の多少の理不尽さにも従うことが必要だ。でもここは譲れない。

とうとう環境局があきらめた。NCDCは当初の合意に基づいて初期環境調査の基準に則って評価報告書を提出し、無事に環境許可を取得した。それでも随分と時間を要した。こうしている間にNCDCの中心的人物のジョシュアがオーストラリアに留学することになった。

ポートモレスビーのごみ処理の責任を負うNCDCの廃棄物管理課は一部を除いてごみ収集やごみ処分場（バルニ）の運営管理を民間に委託している。とはいっても業者の管理は杜撰だ。だからごみ収集もいい加減、

バルニ処分場も常時火災でもうもうと煙が上がっている。ウェイストピッカーは煙をものともせず活動する。だが、JICAが派遣した最初の専門家は現地で健康を害して日本に帰任した。それ以来、担当する専門家不在が1年間続く。JICAが募集をかけても治安の悪い国だけになかなか専門家が採用できなかったのだ。その間はサモアのプロジェクトオフィスからチーフやファフェタイやマコが交代でパプアニューギニアを訪れた。

　ジョシュアの留学と専門家不在の両方で活動がまったく停滞したため、2012年の夏にファフェタイがバルニ処分場の一角で改善のデモンストレーションを実施した。この時、彼はウェイストピッカーたちと仲良くなり、デモンストレーションに協力してもらった。現場にいたウェイストピッカーたちはこのデモンストレーションを見て、プロジェクトによってバルニ処分場が改善されれば自分たちの作業環境、生活環境が大きく改善されることを身をもって悟った。ファフェタイは以前、3年間パプアニューギニアの工科大学で学んだ期間があり、彼らの共通言語であるピジン語をしゃべることができた。加えて体も大きく、肩から二の腕の入れ墨も威圧感があった。だが、ウェイストピッカーが仲良くなった一番の理由はファフェタイの人懐っこい性格だ。バルニに行くときはいつもタバコやキャンディを持って行った。そうして彼らの人気者となった。

　ようやく2012年の11月に専門家を派遣できることになった。八千代エンジニアリングのリアド専門家である。リアドは30年以上にわたり数多くの途上国を経験しているベテランだ。しかしながら、そんなリアドもNCDCの事務所を訪問して呆れてしまった。机の上も床にもごみが散乱し、あちこちが赤いスポットで汚れている。ビートルナッツの汁を吐いた跡だ。たくさんいるはずの職員は数人しかいない。しかもゲームをしている。壁には破れかけた紙に「スナック売ります」と書いてある。ここはキオスクか？

　何の秩序もない、やる気のない組織だとすぐに見て取れた。リアドは何度か頭を横に振って、これは大変なところだと気が重くなった。

NCDCの廃棄物管理課事務所の張り紙　写真提供：J-PRISM

　翌朝からリアドはカウンターパートたちに元気な声をかけて活動を始めた。まず、意識から変える必要があった。廃棄物管理課の役割や権限、また職員の誰がどういう役目を与えられているのか知る必要がある。職員の1人1人とじっくり話し合った。何かを伝えるには信頼関係が重要だ。そうやって徐々に職員との絆を深めていった。

　彼らはプロジェクトが始まってから、最初の専門家の川内から『ごみ量ごみ質調査』や『タイムアンドモーションスタディ』のやり方をすでに学んでいた。J-PRISMは自分たちでやるのが原則だからだ。ヴィヴィアンもその1人だった。だが、彼女はなぜこのような調査が必要なのかまでは深く理解していなかった。リアドはそれを辛抱強く教えようとした。知識は押し付けられない。学ぶ側の姿勢も重要だ。そこで信頼関係が力を発揮する。

　ある日、ヴィヴィアンの目が輝いた。汚いつまらない作業だと思っていた調査の目的と重要性が理解できたのだ。それからヴィヴィアンはどんどんリアドから知識を吸収した。

　「私はこれまで廃棄物の担当だということを恥じらう気持ちがあって、他人に自分の仕事のことを話すことはありませんでした。でも今は違う。胸を張って言うことができるんです。自分がこの街の環境を守っているんだと」

　ヴィヴィアンは自分の仕事が楽しくなった。意識が変わったのだ。

第4章 嵐との遭遇

ごみ量・ごみ質調査とタイムアンドモーションスタディ　　　写真提供：J-PRISM

ヴィヴィアン(左)とリアド専門家(右隣)　　写真提供：J-PRISM

　翌年からパプアニューギニアにはリアドに同僚が加わった。超がつくベテランの阿部浩だ。阿部はバルニ処分場の改善を指導することになった。

　「阿部さんはいつも怒っているの？」とNCDC内でプロジェクトの調整役のジャネットは不思議に思う。阿部の口調はぶっきらぼうで言葉が足りない。だから、いつもジャネットは叱られていると勘違いする。でも、時々は本当に怒っていることもある。しばらく付き合うと慣れてきて阿部の言いたいことがわかるようになった。それでも時々はジャネットも負けずに言い返す。阿部がまた怒る。

　2013年の暮れに、オーストラリアに留学しているジョシュアがようやく戻っ

てくることになった。彼が留学中は専門家の不在時期と重なったこともあっ
てプロジェクト活動が停滞していた。彼は若く優秀な人材で、チーフ（天野）
もファフェタイも将来を大いに期待していた人物だ。彼が戻ってくるのを待
ちわびていた。ジョシュアは留学先のオーストラリアからメールを送った。

　「チーフ、僕は12月頃に帰国する予定です。でも、廃棄物管理課に
再雇用してもらえる保証がありません。チーフからも市長に話してもらえない
でしょうか？」

　パプアニューギニアへの出張時にチーフは市長に面会を求めた。いつも
は忙しくてなかなか会えないが、この時はタイミングが良かった。人払いを
し、ドアを閉めて2人きりになった。市長のレスリーは「どうぞ」といい、同
時にソファに腰を下ろした。

　「レスリーさん、留学中のジョシュアの件でお願いがあります。彼はもう
すぐ留学から戻ってくるようですが、元の職場で再雇用の保証がないと聞
きました。彼は優秀な人材で廃棄物管理課にとってもプロジェクトにとっても
不可欠な人材です。なんとか再雇用できるようにしてもらえないでしょうか？」

　「その件なら心配しないでください」

　「では考えてくれるんですね？助かります」

　「はい。実は私は彼を廃棄物管理課のマネージャーに据えたいと思っ
ているんです」

　「え？マネージャーにですか？」

　「そうです。この組織には汚職が蔓延しています。廃棄物管理課も例
外ではありません。私はそれを変えたいんです。ジョシュアのことは昔からよ
く知っています。彼はクリーンな男です。だから彼をマネージャーに据えて
組織を変えたい」

　「でも、そうすると上下関係が激しく入れ替わってしまいますね。いきな
りだと混乱するのではないですか？」

　「それくらいの荒療治が必要なのです。この組織には。それに彼ならう

まくやってくれるでしょう」

「わかりました。それであればこちらもできる限りの協力をしましょう。ジョシュアの件、ぜひよろしくお願いします」

「わかりました」

2人はソファから立ち上がり、笑顔で握手をして別れた。

そうして帰国後にジョシュアはマネージャーになる。年上の元マネージャーたちは自分の部下となった。少しばかりの軋轢(あつれき)は避けられない。ジョシュアは早速改革に手をつける。まず職場の環境整備から始めた。机の配置を変え、各人にきちんと仕切られた机、パソコンを与え、現場用の連絡車両も何台か購入した。これで言い訳はできなくなる。パソコンがないので仕事にならない。足がないので現場に行けない。などなどの言い訳だ。ジョシュアは部下に伝えた。これで仕事をしないようならさっさと辞めてもらうしかない。

また一方で、ワークショップを開き、課としてのビジョンや目標、問題点などを話し合う機会を設けた。みんなの話し合いの中から出てきた問題点の上位に『汚職』や『無断欠勤』が含まれていた。こうした項目は秘書や若い職員から提起されたものだ。彼らは課内で何が起きているのかよく知っている。ジョシュアは笑いながらチーフに言った。

「若い職員たちはみんなわかっているんですよ。悪いことだって。でも

改善前の事務所でカウンターパートと歓談するファフェタイとリアド専門家　　写真提供：J-PRISM

改善後のNCDC廃棄物管理課の事務所
　　　　　　　　　　　　写真提供：J-PRISM

彼らが問題だと感じてるってことは、希望が持てますよね」

　サモアでもあったように、ごみ収集や処分場の運営管理を民間に契約で委託する場合は何かと誘惑が多い。業者と癒着して賄賂を受け取ったり、逆に賄賂を要求したりといったことが起きがちだ。上になればなるほど業者からの甘い攻勢も多くなる。廃棄物管理課だけでなく組織全体の問題だ。上層部が絡んでいれば根絶するのは難しい。下手をすると自分の首が危なくなる。ファフェタイの身に降りかかったように。あるいは自分が誘惑に負けてしまうことも。

　ジョシュアのマネージャーとしてのリーダーシップに加えて、専門家のリアドや阿部、プロジェクトオフィスのファフェタイやマコの努力の甲斐があって、廃棄物管理課は大きく変わった。最も大きな変化があったのは職員の意識だ。自分たちの仕事にプライドを持つようになった。部屋の中も整然として床もきれいだ。活気にあふれている。

　ジョシュアが戻ってくる大分前の2013年の2月のある日のこと、リアド、マコ、それにヴィヴィアンの乗った車がバルニ処分場の近くでラスカルの襲撃を受ける。視察先の民間の会社の打ち合わせを終えてからバルニ処分場に向かう途中のことだ。ラスカルとは武装強盗団のことである。

　その日は朝から快晴だった。雨期ではあるが何日か晴れの日が続き、ほこりっぽかった。リアドとサモアのプロジェクトオフィスのマコはNCDCの廃棄物管理の職員たちと車2台に分乗して民間の施設に向かった。小型の焼却炉が稼働していると聞いて、みんなで視察するためだ。その会社の現場はプロジェクトサイトの1つであるバルニ処分場の近くにあった。

　そのとき車は曲がりくねった長い上り坂をゆっくりと登り切ろうとしていた。あたりは小高い丘があるだけで人家はない。突然木陰からバラバラと5人の若者が出て来て、いきなり車の前に立ちはだかった。リアドたちが乗った車は上り坂でスピードが出ていなかった。何が起きたのかと考える暇もなく、いきなり銃を突き付けられ、車から降ろされた。体をまさぐられ、財布

第4章　嵐との遭遇

や携帯電話を取られた。マコは横目でチラリと若者を見た。銃を突き付けた手が細かく震えている。まだ幼さが残っている。中学生くらいだろうか。彼は向けられた銃が暴発しないかと身が縮む思いだった。奪うものを奪うとラスカルはサッと車に乗り込んで急発進した。あとにはドライバーとリアド、マコ、ヴィヴィアンの4人が現場に置き去りにされた。荷物は車ごと持っていかれた。バックパックにはパソコンやデジカメが入っている。後続の車が遅れている間のほんの数分の出来事だ。幸いなことに誰もけが人はいなかった。

プロジェクト関係者がすぐ近くでラスカルに襲われた話はバルニ処分場のウェイストピッカーにもすぐに伝わった。その話を聞いたグループリーダーの1人のピーターはすぐにピンときた。あいつらに違いない。ピーターは数人の仲間と若者たちを訪ねた。彼らは奪ったデジカメや携帯電話をいじっていた。

「やったのはお前らだろう？ あの人たちは我々の友人だ。だから荷物を返してくれ。そうすれば警察には黙っててやるから」

こうしてピーターはパソコン、デジカメなどを取り返した。一旦取られたものが返ってくるなどなかなかない。しかもパプアニューギニアで。まさに奇跡だ。おまけにデジカメには犯人らしい若者たちが写っている。自分たちで撮ったのだろう。

バルニ処分場でピーターと筆者　　　　写真提供：J-PRISM

131

この時NCDCでは議論が真っぷたつに分かれていた。

　一方はこの事件を警察に知らせて警察を動員してウェイストピッカーたち
を全員バルニから排除すべきだという意見だ。

　「奴らはこれまでもさんざん問題を起こしている。もうたくさんだ。これか
ら本格的に改善工事を行うのに彼らは邪魔になる。丁度よい機会だから
警察を使って排除しよう。そうすれば一気に問題は解決する」

　他方の意見は違う。

　「不法に居住しているとはいえ力ずくで排除すべきではない。バルニか
ら排除しても彼らの行く場所はない。排除しようとすれば暴動になりかねな
い。それに彼らは有価物を回収することでリサイクルの一端を担っている。
なんとか彼らとうまく共存すべきだ」

　マネージャーのジョシュアは自身がスクワッターと呼ばれる貧困地区で
育った。だから彼らを排除することは考えなかった。そうして他の意見を説
得した。だが一部には依然として強硬な意見がくすぶっていた。

　NCDCがバルニ処分場の運営管理と改善工事を民間の業者に委託し
ていることは先に述べたとおりだ。ところが、この業者の契約に関しても暗
い影がつきまとっていた。市長よりもっと上から押し付けられたのだ。いざ
工事が始まってもトラブル続きだった。ジョシュアは業者を切ろうとしたが上
からの圧力で切れないでいた。それに対して若い部下たちの不満が大きく
なり、ジョシュアへの批判となった。ジョシュアはいわゆる中間管理職の板
挟みの苦しみを強く感じていた。そんな時、ジョシュアの強力なサポーター
である市長のレスリーが突然倒れて入院した。当分復帰はおぼつかない。
絶体絶命だ。

　JICA事務所長の杉山茂はプロジェクトマネージャーのジョシュアを助けて
なんとか工事を進めたいと知恵を絞っていた。彼は日本大使の力を借りて
大臣やポートモレスビーの知事を引っ張り出し、バルニの改善工事を促進
させようとする。ジョシュアと相談して5月に一部の引き渡し式を敢行するこ

とを決め、日本大使や大臣、知事に参列を依頼した。これでNCDCも施工業者も後に引けなくなる。工事が間に合わなければ大臣や知事の顔を潰すことになる。業者も工事に真剣に取り組まざるを得なかった。そうしてなんとか完成した部分の引き渡し式が無事に行われた。

　工事が完成したとき、いつも怒っている（ように思われている）阿部が珍しくカウンターパートのことを褒めた。

　「いろんな障害を乗り越えて、彼らは本当によく頑張っている。立派だ」

　廃棄物の技術協力に興味を持った所長の杉山はしばしば現場に足を運んだ。ある時はNCDCが夜に開催したスクワッター地域での住民説明会にも飛び入り参加した。ヴィヴィアンたちは「スギヤマさんがこんなところにも来てくれた」と感激した。

改善後のバルニ処分場　　　　　　　　　　　　　　　　　　　写真提供：J-PRISM

それからしばらくして、バルニではもう1つ大きな事件が起きた。

　バルニ処分場は三方を丘に囲まれている。長い間にその谷間にごみを埋め立てて、10ヘクタールほどが埋め立てられている。プロジェクトでこの部分を改善するわけだ。下流側で行う改善工事のために、毎日入ってくるごみは工事の邪魔にならないように上流側に運ばれ、それが今では20mほどの高さの山になっていた。この山の上でブルドーザーが作業している。NCDCは毎日運搬されてくるごみの埋立作業を民間業者に委託していた。

ブルドーザーが唸り声をあげてドドーッと斜面に向かってごみを押した。ごみは大きな塊となって斜面を転げ落ちていく。斜面の下には段ボールが積み重なっていた。それは小さな家にも見えた。その家の上に大きなごみの塊が次から次へと落ちてきてグシャッと押しつぶした。段ボールの中には5歳と3歳の幼い兄弟がいた。

　「大変だー！誰か早く！」

　たまたまそれを目撃していた作業員が声をあげた。必死で斜面を駆け上がるがごみに足をとられてしまう。男は何度も叫んだが、ブルドーザーの運転手はブルドーザーが立てる騒音で聞こえない。またも大きな塊が斜面をどっと落ちてゆく。段ボールは完全に埋まって跡形もない。

　作業員は激しく両手を左右に振った。それにようやく運転手が気付いた。

　「どうした？何かあったか？」

　「し、下に、斜面の下に、子供がー！」

　幼い兄弟の母親は他の大勢の仲間と一緒に別の場所にいた。ごみ収集トラックが降ろしたごみの中からアルミ缶やペットボトルを回収するためだ。NCDCとの取り決めで埋立地の中には子供たちを入れてはいけないことになっている。それは母親も知っている。でも幼い子供たちは母親のそばを離れたがらない。母親に何度か追い払われたあと、2人は遊び場を探した。そして斜面の下にたくさんの段ボールを見つけた。

　ごみで深く埋まった子供たちを人力で掘り出すことはできない。キャタピラの掘削機を移動させるのに手間取った。さらに、機械で傷つけないように慎重に少しずつごみを取り除かなければいけない。どんどん時間だけが経って行く。やっと掘り出した時には手遅れだった。乾いた谷間の空気に母親の悲鳴がこだまする。あたりは薄暗くなり、丘のてっぺんにわずかに夕日が残っていた。

　ウェイストピッカーの幼い子供が事故で死亡したことでプロジェクトは重大な局面に立たされた。作業員の安全を考えて当面現場での作業は見送る

ことにした。彼らが黙っているはずはない。危険だ。バルニ処分場にこれ以上手を加えることはできなくなる。このプロジェクトは終わりだ。誰もがそう思った。

責任感の強いリアドは専門家の辞任を申し出た。JICAは彼をなだめる。

「リアドさん、今回の事故は不幸な出来事ですが、あなた方専門家の責任ではありません。バルニは危険な所です。専門家が簡単に行ける場所ではありません。安全面で厳しい制約がある中で専門家の皆さんは本当によくやってくれています」

バルニ処分場内のウェイストピッカーの子供たち　　　　　　　　　　写真提供：J-PRISM

しばらくして、NCDCはウェイストピッカーの代表と会談を持った。子供たちの親への補償とプロジェクトの今後を話し合うためである。もちろんピーターも参加した。

ウェイストピッカーたちは幼い子供たちの死を悲しみ、怒っていた。金銭的な補償も求めた。しかし、彼らは仕返しをすることは考えていなかった。ウェイストピッカーのグループ間でも激しく意見が割れたに違いないが、NCDCとは冷静な会談になった。最後はプロジェクトの継続を了解してくれた。彼らはプロジェクトが自分たちのためにもなると信じたからだ。会談のあと、NCDCは事故防止対策としてバルニ安全計画を新たに策定し、NCDC、運営管理委託業者、ウェイストピッカーからなるバルニ安全委員

会を設置して定期的な会合を持つことにした。

　通常は、不法に居住して処分場に出入りするウェイストピッカーたちと行政側とは反目することが多い。行政にとって、彼らは税金も払わない厄介者だからだ。しかし、リアドたちの助言もあって、ジョシュアは内部の異なる意見を調整しながらウェイストピッカーを排除することを避けた。彼らとの共存の道を模索した。何人ものウェイストピッカーを雇用して信頼関係の構築を図ってきた。こうした地道な努力が行政とウェイストピッカーたちの関係を少しずつ良好なものにした。現場は依然として危険が伴い、関係者間の力の均衡がいつ壊れても不思議はない。ここでは誰もが慎重に行動しなければならない。なにしろここは " The Land of Unexpected " なのだから。

バルニ処分場でウェイストピッカーと話し合うカウンターパート　　　　写真提供：J-PRISM

## 4-5. トンガ離島コミュニティー（助け合い） 2000　2005　2010　2015

　「持ちつ持たれつ情けは人のためならず」

　ギギーッという鈍い音でユリエは目覚めた。薄暗い光の中で一瞬自分がどこにいるのかわからなかった。隣の部屋からいびきが聞こえてくる。ゆったりとした揺れの中で自分が狭い船室にうとうととしていたことを思い出す。なかなか眠れずに何度も狭いベッドで寝返りを打った。ユリエは大きく伸びをした。体の節々が痛い。昨晩は外洋の横揺れと縦揺れで気持ちが悪くなった。VIPルームとは名ばかりで、簡易ベッドが1つあるだけの狭い殺風

景な船室だ。彼女は首都のあるトンガタプ島を出てリゾート地である離島のババウ島に向かっている。丸一日の船旅だ。もちろん観光で行くわけではない。仕事だ。

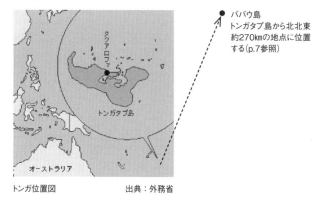

トンガ位置図　　　　　　　出典：外務省

　通常は首都のヌクアロファから飛行機に乗り、小一時間でババウに着く。ところが最近、この航空路を飛んでいる中国製の同型の飛行機が世界のあちこちで事故を起こしたため、ニュージーランド政府が自国の観光客に対してこの航空便を使わないように通達を出した。他の国や援助機関も追従した。これにJICAも倣った形でこの飛行機に乗らないように指導があった。仕方なく、1時間足らずで行けるところを20数時間かけて船で移動しているのである。このヌクアロファとババウの間の路線は中国機が取って代わる前までは、ニュージーランドの会社がダグラス社のDC-3と呼ばれる飛行機を飛ばしていた。70年以上前に生産された、博物館入りしてもおかしくない年代物の飛行機だ。この空飛ぶ骨董品を見るために世界中から飛行機マニアがトンガを訪れたものだ。

　ユリエは千葉で生まれ、小学生の時に転校し大学まで鹿児島で過ごした。転校当初のあだ名は"ちば"だったが、今では生粋の薩摩おごじょだと自負している。クラブ活動や酒や遊びに明け暮れた大学生活を反省し、きちんと勉強すべく大学院に進学する。大学院では真面目に環境を学んだ。

卒業後は国家公務員を目指すも、たまたま行った青年海外協力隊の説明会で説得されて応募することに。人生どう転ぶかわからないものだ。日本の環境省に行くつもりが協力隊員としてフィジーの環境局に派遣された。

　フィジーでは不法居住者の地域のコミュニティに入り、ごみや衛生問題などに取り組んだ。これが廃棄物の専門家となる契機である。廃棄物の専門性がないことと英語でのコミュニケーションに苦しんだものの、フィジーでの2年間は環境局の同僚やコミュニティの人たちとの関わりの中で充実した生活を送った。開発途上国で生活していける自信もついた。2006年に帰国後、JICAの支援スタッフを経てコンサルタントに就職。いくつかの国でプロジェクトの経験を積み、2011年からはJ-PRISMの専門家として活動している。彼女の担当はトンガとフィジーである。同僚専門家のケイコはフィジーと、J-PRISM対象の11カ国の中で最も生活条件の厳しいキリバスを担当している。2人ともフィジーの二国間協力プロジェクト『廃棄物減量化・資源化促進プロジェクト（2008年10月〜2012年3月）』の経験者でもある。

　トンガに話を戻そう。

　ユリエは船酔いに悩まされながら無事にババウに到着。ようやく船から降りると、まだ足下が揺れている。すぐには体の平衡感覚が戻らない。港には環境省のウィニーが迎えに来てくれていた。ウィニーが軽々と荷物を車の荷台に載せる。ウィニーとは同じ年齢で、仕事以外にも同じ女性としての悩みなどを相談し合う仲だ。いつもなら楽しくおしゃべりをするが、この日は船上での寝不足もあって頭がクラクラする。彼女の話が雑音にしか聞こえない。早くホテルで横になりたかった。

　「じゃあまたあとでね」

　ウィニーはユリエと荷物を下ろすと車で立ち去った。ホテルでチェックインして早速自室に入って靴を脱ぐ。床の冷たさが心地よい。裸足で歩いていたら鋭い痛みが脳天まで走った。足下を見ると蜂がいる。すぐに靴でひっぱたいた。痛みを我慢していると刺された足があっという間に膨れ上

がってきた。これでは眠るどころではない。漫画のような一日を思い出し、おかしくて1人で笑った。

　数日後、まだ腫れが残っている足をさすりながらユリエは大きなため息をついた。

　「保健省の予算、たった5万円なの？」

　ウィニーが応える。

　「そう。たったね。しかも年間予算がよ」

　ユリエは信じられないという風に首を振った。

　ウィニーも肩をすくめる。

　2人はババウ島の環境省の小さな事務所で頭を抱えていた。ウィニーは環境省のババウ駐在員だ。環境省はごみ処理を含めた環境分野の国の政策を決める。それに従って離島でのごみ処理を実施するのが保健省である。だから離島のババウでも保健省から派遣されている病院の責任者の医師が病院やごみ処理予算の算段もすることになる。予算もない、トラックもない、人もいない、のないないづくし。トラックの燃料費も出せないし、燃料があっても動かない。なにしろ故障したままだからだ。この少ない予算で保健省の職員のマナセたちはごみ処理や保健衛生の仕事をしなければならない。ごみ処理に回せる保健省の予算が年間で5万円というのがババウ島の実情だった。これでは行政による定期的なごみ収集など望むべくもない。ババウはウィニーの出身地でもある。だから彼女は何とかきれいな島にしたいと思っている。

　J-PRISMのトンガでのプロジェクトは小さな観光地であるババウ島が対象地だ。毎年7月から11月頃のシーズンには鯨が北上してくるため、すぐ沖で鯨を見ることができるし、一緒に泳ぐこともできる。また、太平洋を横断するヨットの寄港地としても有名だ。オーストラリアやニュージーランドのみならず、遠くはヨーロッパからも観光客が訪れる。そのため観光客が排出するごみが多いのも特徴だ。

ババウでのプロジェクト活動は主としてカラカ処分場とごみ収集を改善することだ。カラカ処分場はマングローブの湿地帯にあるオープンダンプだった。日常的に野焼きがされており、周辺への悪影響がずっと懸念されていた。また、行政（保健省）の予算の欠如からごみの収集はほとんど実施されていない状況だ。

　ユリエは処分場のことは得意分野ではなかった。彼女を支援するためにサモアのプロジェクトオフィスから時々ファフェタイがトンガにやってきた。一緒に調査を行い、埋立地の物理的な改善を行った。なにしろ機械も人手も不足しているので時間がかかる。ファフェタイは創造性にあふれている。常に新しいことを考えて試そうとする。カラカ処分場でも現地にあるココナッツの殻やサンゴなどを使って、ごみから出る汚水の処理方法を工夫した。

トンガの離島ババウのカラカ処分場改善状況　　　　　　　　　写真提供：J-PRISM

　保健省の担当のマナセと現場の作業員はファフェタイから直接指導を受けた。長い年月ずっと野ざらしで常時煙が出ていた埋立地を整備し、現

場に小さな管理小屋を建設した。おかげで作業員が常駐できるようになった。こうした費用はプロジェクトが負担した。マナセたちはファフェタイの指導で何をやるべきかを学んだ。目覚めたのである。さらに、国連開発計画（UNDP）のプロジェクトで購入した試験機材を使って、汚水の水質のモニタリングを始めた。処分場の入り口にはリサイクル回収物の置き場を作った。アルミ缶やペットボトルや金属類を集めるためだ。ある程度集まるとトンガで唯一のリサイクル会社（ジオ・リサイクル社）が首都のヌクアロファまで船で運んでくれる。ジオ・リサイクルも後年J-PRISMから特別賞を贈られる会社だ。

物理的な改善が行われても、常に問題となるのがその後の運営管理である。運営管理の質を上げるにはお金も機械も技術も必要だ。技術は学んでもお金も機械もない。日本の援助で供与された重機は公共事業部門が受け入れ先で、建設工事に使用されていた。それを何とか時々はごみの埋立地に回してもらうように交渉した。

汚い埋立地が改善・整備されたことで、カラカ処分場はいまでは小学生の環境教育のための視察場所となっている。

カラカ処分場を見学する小学生たち　　　写真提供：J-PRISM

ごみ処理の費用で大きな部分を占めるのがごみ収集・運搬である。ババウ島では観光客の多い地区にあるレストランやホテルは民間業者と契約

してごみを持って行ってもらっている。外国人の観光客が多い地区には、環境やごみ問題への意識が高い事業主たちがいて自主的に処理を行っている。費用を負担するだけの財力がある。問題は周辺のコミュニティだ。行政によるごみ収集サービスがないために、大部分のごみが家庭で野焼きされたり、不法投棄されたりする。台所や厨芥(ちゅうかい)ごみは家畜(豚)の餌となっており、排出されるごみはプラスチック、紙類、金属、ビンなどが大半である。行政の手が回らない以上はコミュニティが自分たちでやるしかない。ウィニーとユリエは地道にいくつかのコミュニティグループを訪問し、住民たちと何ができるかを話し合った。住民と一緒にカヴァを飲み、集会に何度も足を運んだ。こういう場所ではウィニーの独壇場だ。地元愛に満ちた明るい性格はみんなに受け入れられ信頼されている。ユリエも協力隊出身なのでコミュニティの懐に容易に入って行ける。

コミュニティの住民説明会　　　　　　　　　　　　　　写真提供：J-PRISM

そうして4つのコミュニティグループを選び、各コミュニティで地区代表と青年団からなる『ごみ委員会』を設立した。この委員会が中心となってウィニーやユリエとともにごみ収集計画を策定した。各家の前に高床式の簡易プラットフォーム(ごみスタンド)を共同で設置した。排出したごみを家畜に荒らされないようにごみはこの上に置くのだ。収集日にはごみ委員会がコ

第4章　嵐との遭遇

ミュニティの住民の中から小さなトラックを借り、月に1～2回の頻度でごみ収集を実施する。この収集にかかる費用はコミュニティが募金活動を通じて集めた共同基金や各家からのごみ料金の徴収で賄うのである。また、若者のグループが力のいる収集作業を担った。共同基金のために、コミュニティによってはカヴァパーティを主催したり、プロジェクターを買って有料で映画の上映をしたりと、いろいろと工夫しながらごみ処理の基金を募った。トンガ人はカヴァを飲む習慣があり、離島ではなかなか映画を見る機会も少ない。

　最初はコミュニティもウィニーもユリエもうまくいくかどうか半信半疑だった。ボランタリーにみんなで行う活動が若者たちを中心として徐々に拡大した。以前は昼間からカヴァを飲んで酔っ払い、ダラーンとしてひんしゅくを買っていた彼らが今や村の中でヒーローとなった。目的が見つかれば人は進んで汗をかく。褒められればなおさらだ。そういった村人たちのやる気がウィニーをさらに勇気づけた。ババウ州知事も一役買って活動の後押しをしてくれた。この若い州知事もユリエやウィニーと同年齢である。ユリエはコミュニティに家族の一員として受け入れられた気がした。彼らと飲むカヴァは特別な時間だ。ウィニーや州知事とは立場を超えてババウを良くしたいという想いで絆が深まった。

コミュニティの若者による自主的なごみ収集　　　　　　　　　　　　写真提供：J-PRISM

決められたごみ収集が悪天候による延期やキャンセル、冠婚葬祭や教会活動などのイベントとの重複、収集車両の故障などで予定どおり進まないことがある。それでも85％ぐらいの実施率になった。このコミュニティによるごみ収集の1世帯当たりの費用負担は40円〜150円／回程度である。住民の負担は重くない額だ。トンガは依然としてコミュニティのヒエラルキーが維持され、住民同士の結びつきが強く地域社会への奉仕精神が高い。それがボランティアベースのごみ収集が成功する秘訣でもある。

## 4-6．アイランドホッピング（周航）

「急がば回れ」

　日本からミクロネシア地域（パラオ、ミクロネシア連邦、マーシャル諸島）を訪問するにはグアムを起点としてヤップ、パラオに行く西ルートと、チューク、ポンペイ、コスラエ、クワジェリン、マジュロを経てホノルル間を結んでいる東ルートがある。いずれも、アイランドホッピングと呼ばれている。同じ飛行機がバッタのように島から島へ飛び上がっては降り、降りては飛び上がる、を繰り返す各駅停車だからだ。おまけにこの飛行機がよく遅れたり故障したりする。機材トラブルが起きると5〜6時間の遅れはざらで、完全な故障の時は代わりの飛行機がグアムから飛んでくるためさらに遅れる。寂れた空港の待合室で長時間待たされ、いつ飛び立つかもわからない不安な状況が続く。やっと飛び立って目的地に到着してみるとホテルの予約を取り消されていたり、誰も出迎えがいなかったりする。しかも夜中にだ。とにかくミクロネシア地域は移動するだけで大変な仕事だ。運が悪いと（その確率は高いのだが）こうしたトラブルで隣の国や州に移動するだけでほとほと疲れてしまう。

　ミクロネシア地域はアメリカの影響が強い。コンパクトマネーと呼ばれるアメリカによる長期の財政援助が投入され、国家予算の多くの部分を依存している。この見返りにアメリカは防衛と外交の一部の権利を持つ。また、

この地域の若者が米軍に志願することで地域の雇用対策の1つになっている事実がある。米軍に入隊すれば除隊後もさまざまな恩恵を受けることができる。しかしながら、良いことばかりではない。実際に戦地に赴き、命を落とすこともある。こうした若者の軍服姿の写真がグアム空港の一角に飾られている。その数は数十人に上る。パラオのカウンターパートの息子もその1人だ。

ミクロネシア連邦4州位置図　　出典：外務省

　ミクロネシア連邦は5つの国からできている、といっても過言ではない。ヤップ、チューク、ポンペイ、コスラエの4つの州と1つの中央政府である。それぞれの州の独立性が高く、中央政府が結んだ国際条約が州に対する拘束力があるかどうかについて議論になったという話もある。中央政府の各州への強制力は小さい。

　ポンペイ島ではポンペイ州と首都のパリキールにある中央政府とが同居しているが、その他の州はヤップもチュークもコスラエも独立した島々からなっている。州と州を移動するにはグアムを起点とする唯一のアメリカの航空便しかない。この空路は国際線の扱いで、飛行機に乗って隣の州に行くにもパスポートが必要だ。

　中央政府で環境を扱うのが環境・危機管理局である。4つの州をとりまとめる役割を持っているが、それぞれの州はなかなか思うようにいうことを

聞いてくれない。中央政府に強制力はないというのが一致した意見だった。それでもパティはJ-PRISMの旗の下に何とか4州を結束させたいと考えている。彼女はJ-PRISMのアプローチを " Learning by Doing " と呼んでいる。他の援助機関のやり方と異なり、とにかくカウンターパートが手を動かし、汗をかくことが要求されるからだ。要するに結果ではなくプロセスを重要視するアプローチだと理解した。パティは精力的に各州を回って優良事例を集め、ミクロネシアの優良事例集をとりまとめた。そうしてヤップが処分場技術をチュークに、チュークがごみ収集ステーションをコスラエに、コスラエが福岡方式処分場やデポジット・リファンド制度（P.157参照）などでチュークやポンペイに協力することにつながった。それまでは州がお互いに協力するという姿勢はまったくなかった。J-PRISMの影響による大きな意識改革である。特に、コスラエ州の公共事業局の頑固者職員が協力姿勢を見せたのはパティにとってうれしい驚きだった。

専門家のリサはパラオとミクロネシア連邦のヤップ州とチューク州を担当している。協力隊員としてサモアに派遣されていたリサは他のプロジェクトで経験を積んでJ-PRISMの専門家として地域に戻ってきた。

ある日のこと、リサはミクロネシア連邦のヤップ州に来ていた。今、会議の真っ最中だ。

ヤップ州でのプロジェクトの成果目標は州の廃棄物管理計画の策定、既存のごみ埋立地の改善および住民へのごみ啓発が計画されている。これに加えて日本の草の根無償資金協力による新規処分場の建設に関わる支援が含まれていた。

会議ではいくつかの関係機関が集まって対応策を協議していた。先日、新たに建設中のごみの埋め立て地（廃棄物処分場）の斜面が崩れ、修復が必要になった。処分場の設計者、建設に携わっている業者、監督官庁などがお互いに非難し合って、誰の責任なのかという議論に終始している。

第4章　嵐との遭遇

「そもそも設計が悪いんじゃないか？」

「バカをいうな。お前らが設計どおりにやらないからだ」

「ろくに現場に来ないくせに」

「図面は渡してある。図面どおりにやればいいんだ。図面どおりに」

「図面どおりにやってるのに崩れてるじゃないか」

「それは工事のやり方が悪いからだろう。設計のせいにするな」

「崩れたところを直すには金もかかるし、工事も遅れる。どうしてくれるんだ」

「それはそっちの責任だろう！」

　会議室は険悪な雰囲気に包まれ、空気は暗く重かった。リサは専門家として口をはさむべきかどうか迷っていた。そのとき、環境保護局（EPA）のティナがきっぱりした口調で皆を制止した。

　「みんな、お互いに非難合戦は止めようよ。ここにいるみんなの目標は同じはずでしょ。誰が悪いかなんてどうでもいい。この処分場をきちんと完成させること、その目標のために一緒に動こうよ。みんな協力して！」

　暗い部屋に光が差し込んだ瞬間だ。ティナの発言が場の空気を一新した。

　この新規処分場は日本の草の根無償資金協力で建設が進んでいた。工事は地元の業者が請け負っていた。J-PRISMの専門家の指導を得て、設計も自分たちで行った。草の根無償の申請のためにEPAのティナが何度も、何度も、ポンペイの日本大使館に足を運んでやりとりをした。大変な苦労をしてやっとの思いで承認されたプロジェクトだ。なんとしてもやり遂げなければならない。その強い思いが皆に伝染した。リサも胸が熱くなった。自分ももっと頑張らなければと思った。[3]

　リサはこの時の出来事を胸に刻んだ。何か障害にぶつかったとき、常にこの時のことを思い出すことにしている。

---

3) ミクロネシア連邦ヤップ州環境保護局長のティナは J-PRISM の 2013 年度の Best Counterpart of the Year 賞を受賞した。

在ミクロネシア日本大使館の支援で完成したヤップの新規処分場　　　　写真：J-PRISM、外務省

　リサは若いため、ほとんどの現地のカウンターパートが自分より年上で、しかも自分の父親の年代も多い。若いがゆえに周囲の人間にからかわれたりいじめられたりすることもある。ごみの仕事の経験も彼らの方がずっと長い。技術協力の専門家として自分に何ができるのか、最初はずいぶんと悩んだ。悩んだ末に出した結論は、彼らに寄り添い、困っていることの相談に乗り、一緒に考えること。そして彼ら自身で話し合って決めてもらうこと、である。そのための情報提供を行い、自分が出しゃばることは極力控えた。その結果、年かさのおじさんたちも「リサ、リサ」と相談を持ちかけるようになった。仕事が終わるとみんなが自分の宿舎に遊びに来た。一緒に飲みながら仕事や人間関係の悩みなどを夜遅くまで語り合った。次第に彼らに自主性が芽生えて来るのを実感した。

　リサは大学時代に、温暖化で沈むといわれたツバルの写真を見て、地球温暖化と経済を卒論テーマとし、さらにイギリスの大学院で環境について学んだ。帰国後も温暖化の影響を受けやすい太平洋の島嶼国が気になっていた。従妹が青年海外協力隊に応募するというので資料を見ていると太平洋の島で環境の仕事があるとわかった。自分もすぐに応募した。

　そうして2007年に派遣されたのがサモアの環境省である。タファイガタ処分場の事務所に配属となり、ファフェタイの部下となる。職場は活気にあ

ふれ、自分より若い女性職員もいた。サモアでの2年の任期を終えて環境のコンサルタント会社に入社する。いくつかのプロジェクトを経験し、2011年からJ-PRISMに参加することになる。オートバイにまたがり、建設重機のブルドーザーやバックホーの運転免許を取ったユニークな女性だ。

　ヤップからチュークに移動するとリサはちょっと緊張する。ヤップに比べると治安がずっと悪いからだ。チュークの道路は穴だらけでスピードが出せないので酔っ払いが突然助手席のドアを開けて入ってきたり、車のボンネットをボコボコに殴られたりといったことがあった。雨期で道路が冠水すると、水面下の見えない穴にはまらないように運転には細心の注意が必要だ。また、ホテルの部屋に知らない男が入ってこようとしたり、身の危険を感じたりすることがある。以前、アメリカの女性ボランティアが暴行を受けた。それ以来、アメリカはチュークからボランティアを引き上げてしまった。JICAも一時期女性隊員をチュークから引き上げた。リサは仕事中はカウンターパートのおじさんたちに守られている。それ以外の時間は自分で自分の身を守らなければならない。リサはふと夜中に目覚め、何で自分はたった1人でこんな場所にいるんだろうと思うことがある。

リサとチューク州のカウンターパートたち　　　　　　　　　写真提供：J-PRISM

　チューク諸島は太平洋戦争の時はトラック諸島と呼ばれて、日本の連合艦隊の基地があった。チューク環礁は世界最大級の環礁で、その環礁

内に多くの船が沈んでおり、沈船ダイビングが有名な場所でもある。（1-2章参照）

州都のあるウエノ島の処分場も汚いオープンダンプである。州政府がコミュニティから土地を借りてごみを捨てている。でも、借地料の支払いは滞っている。加えて管理が杜撰でごみの飛散やひどい臭いがするので地主は怒っている。

ファフェタイがサモアからチュークにやってきた。リサは久しぶりにファフェタイと再会する。リサがサモアの協力隊員だったとき、ファフェタイは上司でもあり、また兄のような存在だった。ファフェタイがいると安心する。専門家としてのいろいろな悩みを打ち明けて相談する。ファフェタイはチュークを去る前に処分場の改善についてリサにいろいろとアドバイスを与えた。そのアドバイスを元にこの処分場を改善することになった。予算はわずか2,000ドルである。リサはみんなに呼びかけて、島の中で捨てられたり、不要になった廃材を集めてもらった。壊れかけたフェンスや廃タイヤなどが集まった。フェンスを修理して取り付け、廃タイヤに石を積めて敷き詰め入り口のアクセス道路の補修をした。お昼代を削るため缶詰と食パンでランチを作ってみんなで食べた。

J-PRISMで2014年2月に日本からNPO法人『道普請人』の理事、福林良典を招いて土のうを使った道路の補修のトレーニングを行った。福林は早速、アイランドホッピングの旅の洗礼を受ける。「こんな各駅停車のような飛行機は聞いたことがない」とうなった。

福林が指導する工法は機械を使わずに人力でできるのが"みそ"だ。開発途上国では一般的に道路の状況は悪い。メンテナンスがきちんとできないからだ。特に雨期になると道路が穴だらけになって水がたまって通れなくなることもある。舗装されていない道路は雨で削られたり、車の轍（わだち）が深くなったりで立ち往生してしまう。それなのに道路の補修をするのに重機がなかったり、故障したり、重機を動かすのに大きな費用がかかる。福林たちが広めよ

第4章 嵐との遭遇

うとしている方法はコミュニティの参加型で行うもので、土のうにスコップで土を入れて積み上げて道路の路盤を強化する。土のうには目一杯土を入れないのがコツだ。締め固めるための道具も現地にある材料で作り、機械を使わない。その代わり、すべて人力なのでたくさんの作業員が必要だ。チュークのトレーニングでは現地で容易に入手できるコーラルサンドを土の代わりに用いることにした。福林とリサはすぐに意気投合し、冗談を交わす仲になった。

チュークの処分場は中心部から離れた場所にあり、アクセス道路はあちこち大きな水たまりができてぬかるんで車が通れない状況だった。この一部を改善するのが今回のトレーニングだ。最初の2日間は土のう工法の説明や、ワークショップでのデモンストレーション、材料調達や道具の作成などの準備を行った。次の3日間で実際に現場に出て実践的なトレーニングを兼ねた道路補修を行った。公共事業局のスタッフに加え、近隣の村落からたくさんの人が参加した。日当を払わない代わりにランチ（弁当）を提供することで人が集まった。

土のうにコーラルサンドを詰める人、それを運ぶ人、運ばれた土のうを積む人、積まれた土のうを締め固める人、遊んでいる人はいない。最後に土のうの上にコーラルサンドをかぶせてできあがり。3日間の炎天下のトレーニングで参加者は真っ黒に日焼けした。

NPO『道普請人』の土のうによる道路補修トレーニング　　　　写真提供：J-PRISM

151

公共事業局の局長がわざわざ現場にやってきて、みんなを激励した。彼は無口だ。帰り際に遠くからリサに笑顔で手を振った。プロジェクトにはずっと非協力的だったが、最近になって変わってきた。契機は公共事業局のごみ収集作業員2名がJ-PRISMから2013年度の特別賞を授与されたことのようだ。これはリサの推薦だった。局長は表彰状を自分の執務室に飾っている。リサはやっと局長と建設的な話ができると喜んだ。現地に溶け込んで、カウンターパートがかけがえのない仲間になっていき、自分も彼らの一員として受け入れられる。ところが、このトレーニングから半年足らずで、局長が亡くなったと知らされる。

　ミクロネシア連邦の首都はポンペイ州にある。州の環境保護局の局長のアルバートは2001年の沖縄の最初の研修員だった。その部下が若いチャールズである。アルバートとチャールズの悩みはポンペイの処分場だ。空港からわずか数百メートルの距離にある。空港への道路の脇にあるためオープンダンプの汚いごみの山が丸見えだ。州政府はアメリカのコンサルタントに新規処分場建設の見積りを依頼した。コンサルタントからの回答は60億円だった。この金額を聞いてみんなが絶句した。とても手に届くような数字ではない。チャールズはチーフとファフェタイに相談した。そこでJ-PRISMは既存の処分場の改善を行い、延命化を図るため、パイロットプロジェクトの実施をかねて現場のトレーニングを行うことにする。

　2013年の夏、サモアから出張したファフェタイはポンペイ州EPAのチャールズの案内で専門家の長谷山朗とともに現場を回り、トレーニングの計画を立てた。頭の中にはサイトのどの部分を改善するのかイメージができあがっていた。それを紙に落とす。改善工事には重機のバックホー2台を準備し、材料としてPVC管、ドラム缶、砕石を現地で調達する。これはチャールズの役目だ。

　ファフェタイは自分が立てた計画をチャールズ以下のスタッフに説明した。トレーニングにはポンペイ以外の他州（ヤップ、チューク、コスラエ）とマー

シャル諸島からも参加した。

　ごみの埋立地は大きな『ごみ箱』と考えれば良い。しっかりと四方を外壁（堰堤）で仕切りを作って、ごみが外に出ないようにしなければならない。堰堤は埋め立てられている古いごみを掘り起こして構築する。古いごみはすでに分解が進んで、土に近い状況になっている。掘り起こした部分が新たな埋立のスペースとなる。そのスペースに汚水を集める管やガス抜き設備を設置する。PVCパイプやドラム缶の出番だ。ファフェタイは『福岡方式』を参加者に理解させた。

　現場の様子が大きく変わるにつれてチャールズや現場のスタッフはますますやる気になった。彼らからどんどんアイデアが出てくる。炎天下の作業で汗が噴き出るが、アイデアは机の上ではなく現場から湧いてくるものだ。最終日にペットボトルを使った簡易の循環型の汚水処理装置を工夫した。汚水が噴き出すと歓声が上がった。

ポンペイ処分場のトレーニングで指導中のファフェタイ　　　　　　　　　　写真提供：J-PRISM

　ポンペイの処分場改善にかかった費用は約200万円だ。これで何年分かの延命ができた。

　州は60億円の新規処分場建設のプロジェクトを放棄し、既存の処分場の改善を定期的に行う方向に舵を切った。

　リサは3年経ったらJ-PRISMを去るつもりで会社の上司にも話していた。

小さな島国ではなく大きな国のプロジェクトに参加し、多くの先輩と仕事をしながらもっと専門性を深めたいと考えていた。11カ国を対象とする広域協力であるJ-PRISMの専門家は1人で複数の国を担当するため、専門性の薄い分野も自分1人でカバーしなければならない。さまざまな条件の異なる複数の国で指導することは経験ある専門家でもつらい。特に若く経験の少ない専門家は技術のみならず精神的な負担が大きい。

そんなある日、上司からのメールで、不足の多い自分がチーフから評価され、期待されていることを知った。プロジェクトには愛着があるし、カウンターパートたちの顔も浮かんできた。リサは悩んだ。続けるべきか、別のプロジェクトに移るべきか。そして、ようやく結論を出した。彼女は最後までやる方を選んだ。

プロジェクトが終了を迎えようとしていた2015年の12月、J-PRISMの専門家としての最後の派遣で、リサは担当しているパラオにいた。彼女は現地のカウンターパートからもらったたくさんのココナッツを抱えてホテルのロビーを通りかかった。誰かいないかとロビーを見回し、日本人らしき男性に声をかけた。

「あのー、日本の方ですか？ココナッツがたくさんあるので良かったらどうぞ」

「ああ、ありがとう」

これが2人の運命の出会いである。

## 4-7. リターンの仕組み（片道航路）

「行きはよいよい帰りは怖い」

太平洋の島国の一番の悩みは不便なアクセスだ。先進国からは海で隔てられているうえに距離も離れている。小さな島なので土地も狭い。また、島で消費するものの多くが外国から輸入される。資源のない国は外国の援助に頼るしかない。すなわち、隔絶性、遠隔性、狭小性、外部依存

性の4つが太平洋の島嶼国の共通の制約条件である。

こうした条件の下では廃棄物管理も困難性が増す。モノの流れが外からの一方通行にならざるを得ない。島にはリサイクルの施設がないからである。そのために多くの有価物がごみとして島にとどまることになる。ところが土地が狭いためにごみを埋め立てる場所がない。紐のような細長い環礁低地ではわずかな面積の陸ではなく海岸線に沿ってごみが埋め立てられる。このままでは島は先進国のごみの墓場となるしかない。これは運命か？

こうした状況を打破するには、外から入ってくるモノを減らすとともに、島内のモノの循環を高め、島内で処理できないモノをできるだけ外に戻すことで、島に埋め立てられるごみを減らすことが必要となる。小さな島にリサイクル施設を作ることは経済性に見合わない。そこで生まれた概念が『3R+リターン』である。3Rはリデュース、リユース、リサイクルで、これに『リターン』が加わる。リターンには2つの意味がある。1つ目は捨てられるごみの多くの部分を占める有機ごみを自然に分解させて土に還すリターンで、2つ目は外から入ってきたモノをできるだけ外に戻すリターンだ。そうすることによって埋め立てられるごみを減らすことができる。

3R+リターンの概念　　　　　　　　　　　資料提供：J-PRISM

島の中で土に還す方法はいくつかある。コンポスト、チップ、マルチング、炭化などの処理だ。大がかりな施設や設備も必要ない。特にマーケッ

トの野菜ごみなどは大量に出てくるのでコンポストや家畜の餌として有用な資源となる。家庭でのホームコンポストも有効だ。ただ、コンポストは失敗事例も多い。理由の1つは使い道が確保されないことがある。たくさん作っても、それがはけなければ大量に残ってしまい、ただのごみになる。手間暇かけてごみを作ることにもなりかねない。また、コンポストは適度に管理しないと腐ってしまい、害虫が発生したり、悪臭の元になる。太平洋の人々はおおらかで、細かい管理が嫌いだ。これがホームコンポストがなかなか普及しない理由でもある。意識を変えるのは難しいし時間がかかる。子供たちへの意識付けをするために、フィジーではクリーンスクールプログラムという学校でのごみ教育が盛んに行われている。この活動はフィジー国内だけでなく、徐々に他の国にも広がっている。キリバス、トンガ、ソロモン諸島、マーシャル諸島などの国だ。

有機ごみの有効利用　　　　　　　　　　　　　　　写真提供：Lautoka City Cuncil

もう1つの『リターン』が有価物や処理困難物を島の外に返すことだ。リターンするためにはきちんと分別し、回収し、一次処理（分解、圧縮、梱包など）して海外へ輸送することになる。リターンには費用がかかる。分別、回収、一次処理、船積み、海上輸送などのコストだ。これに受け入れ側の通関、保管、陸上輸送が加わる。有価物であれば有償で受け入れ国のリサイクル業者に売却できるが、市場価格の低いモノはこういった費用を負担するのみならず、売却する側が受け入れ側の処理費用を払う逆有償となる場合もある。とても島国の民間業者が負担できるものではない。したがって、民間業者が回収するモノはリサイクル市場価格の高いアルミ缶や一部の非鉄金属に限られてしまう。そうして他の多くのモノが島で捨てられる運命だ。

リターンを促進するには、外部にリターンするための手続き・処理・輸送コストを民間業者だけに負担させず、関係者で負担する必要がある。経済的な手法が検討される所以だ。その1つがデポジット・リファンド制度である。太平洋の国ではキリバス、ミクロネシア連邦のヤップとコスラエ、さらにパラオで取り入れられ、CDL（Container Deposit Legislation／Levy）と呼ばれ、デポジット・リファンド制度の1つである。この仕組みは次のようなものだ。アルミ缶やペットボトルを例に取って説明しよう。

デポジット・リファンド制度の例　　　　資料提供：J-PRISM

（1）まず、アルミ缶やペットボトルに入った飲料製品の輸入業者は通関するためにデポジット（預託金）を払わなければならない。例えば1缶（本）当たり6セントとすると、10万缶（本）輸入する場合は6,000ドルを輸入時に税関に支払うことになる。

（2）デポジットされたお金はリサイクル基金として特別な口座に積み立てられる。

（3）輸入業者／販売者はデポジットした金額を製品に上乗せして販売する。それまでの販売価格を1ドルとすると、新たな販売価格は1ドル6セントとなる。（ただし、上乗せ金額は必ずしもデポジットした額と同じとは限らない）

（4）回収センターの運営管理者はあらかじめまとまった金額のデポジット金をリサイクル基金の口座から運営処理費として受け取る。回収センターの役割はアルミ缶やペットボトルの持ち込み数に応じてリファンドの支払いを行い、持ち込まれたモノを一次処理し輸出することである。回収センターは民間業者に委託する場合が多い。

（5）消費者は1ドル6セントで購入し、消費した後に空き缶やペットボトルを回収センターに持って行くと1個当たり5セントがリファンド（払い戻し）される。消費者が使用済みの飲料容器をポイッと捨てないインセンティブになる。お金が戻ってくるからだ。

（6）回収センターは受け取ったデポジット金（1缶当たり6セント）からリファンド金（1缶当たり5セント）を支払い、残りの1セント（6セント－5セント）で運営管理を行う。10万缶当たりでは1,000ドルが運営管理費である。

（7）運営管理者は回収した容器を処理（圧縮・梱包など）し、海外に輸送・売却する。

デポジット・リファンド制度では輸入時にデポジットを取るため、リターンにかかる費用を賄うことができ、輸入したモノを確実に外に出すことが可能に

なる。有償で売却可能なモノとリサイクル価格の低いモノ、あるいは逆有償のモノを組み合わせて輸出すれば輸送の費用を賄うことができる。この制度はアルミ缶やペットボトルなどの飲料容器だけでなく、デポジット・リファンド金額を変えることによって中古車両や家電製品のような処理困難物にも適用が可能だ。また、パラオではあらかじめデポジット金額を増やす（1缶当たり10セント）ことによってリサイクル基金を積み立て、廃棄物管理の財源として活用している。しかしながら、デポジット金額が大きくなり、それが販売価格に直接反映されると消費者への負担が大きくなり、販売数が減る懸念もある。そういうことからフィジーでは大手飲料販売業者がCDLの導入に反対しているといわれている。

パラオ・コロール州(左)とミクロネシア連邦ヤップ州(右)の回収センター　　　写真提供：J-PRISM

　制度運用の留意点としてはリファンドのための初期費用の確保が必要なこと、お金の流れの透明性を確保することの2点がある。初期費用については、デポジットとリファンドを同じ時期に開始すると、デポジットが積み立てられる前にリファンドが必要になり、資金が不足する。これはいくつかの理由がある。デポジット制度を開始する前に輸入されたアルミ缶と開始後に輸入された缶は区別がつかない。そのためデポジットを取っていない缶に対してもリファンドの支払いが行われる。これが相当な数になる。パラオではデポジット制度を開始後、半年間はリファンドを行わなかった。賢いやり方だ。

まず半年間はデポジット金を積み立てるという作戦だ。それでも開始後1年以上はリファンドの資金が不足することがあった。回収センターに持ち込まれた時に、缶やペットボトルの数を不正に申告して支払いが行われたことも理由の1つである。缶やボトルを数える職員が不正を働いたらしい。

　2つめの留意点はお金の流れを明らかにしておくことだ。明朗会計にすることで不正を防ぐことができる。モニタリングとチェック機能を持たせることが重要だ。独立した会計にしておくことで廃棄物の財源が他の用途に使われないようにできる。ミクロネシアのポンペイではCDLの会計担当者が不正を働いて解雇された例もある。

　CDLは島嶼国にとってリターンを進めるための1つの有効な手法であり、J-PRISMでは地域内の各国への普及を目指している。

　『リターン』の概念は2007年のフィジー3Rプロジェクトの案件形成の段階で構想されたものだが、3Rプロジェクトでは日の目を見なかった。2011年にJ-PRISMが始まり、2012年に沖縄で開催された太平洋島サミットのシンポジウムで発表され、注目を浴びた。翌2013年のベトナムのハノイで開催された『アジア3R推進フォーラム』で初めて公式文書として『ハノイ宣言』の中に3R+リターンが取り入れられる。参加国の3分の1が太平洋島嶼国であり、フォーラムの名称も太平洋が追加されて『アジア太平洋3R推進フォーラム』と改称された。このフォーラムは日本の環境省が音頭を取って開催を支援しているもので、3Rに関わるハイレベルの政策対話やプロジェクト実施支援、ネットワーク構築を目的としている。翌年の2014年にはインドネシアのスラバヤで開催され、JICA／J-PRISMが太平洋島嶼国を代表して本会議で『3R+リターン』のプレゼンを行った。さらに、2014年にサモアで開催された『国連小島嶼開発途上国会議』において島嶼国における『3R+リターン』の重要性が再確認された。

第4章 嵐との遭遇

## 4-8. キャパシティ・ディベロップメント（自立）

「天は自ら助くる者を助く」

技術協力プロジェクトの第1の目的は能力ある人材を育成することにある。J-PRISMでは国境を越えて他国からの多くの研修員を受け入れたり、カウンターパートをトレーナーとして他国に派遣したりしながら、できるだけローカルの有能な人材を活用して南南協力を推し進め、ローカル人材によるローカル人材の能力向上に努めた。以下は広域協力として実施した地域協働活動の一部である。

### ●2011年10月：広域研修（4カ国研修員→バヌアツ）

バヌアツのポートビラ市のブッファ処分場で5カ国（バヌアツ、パプアニューギニア、ソロモン諸島、フィジー、サモア）の研修員が参加する広域研修を実施。ファフェタイとポートビラ市のアモスがトレーナーを務める。（4-2章参照）

### ●2011年12月：スタディビジット[4]（サモア研修員→フィジー）

サモアの研修員に説明するフィジーのシャレン　　　　　　　　　　写真提供：J-PRISM

フィジーのラウトカ市にサモアから3名の研修員が訪れる。ブナト処分場のウェイブリッジ（トラックの計量台秤）の設置やデータ管理手法を学ぶた

---

[4]『スタディビジット（Study Visit）』とは自国で活動を始めるのに必要な技術を学ぶために、他国の優良事例を視察するプログラム。通常は2〜3日から1週間程度。

めである。サモアのタファイガタ処分場に同様のウェイブリッジを設置する計画がある。ところが、サモア側の研修員は学ぶ姿勢に欠け、尊大な態度であったため、フィジー側の講師のシャレンたちは不愉快な思いをした。そういうわけで、この研修は失敗に終わった。理由は2つある。まず1番目は派遣する研修員の選抜を誤ったことに加えてサモア側の事前の準備が不足していた。2番目はサモアのウェイブリッジの設置が大幅に遅れて、学んだことを実践に移すタイミングを逸したことである。物事を学ぶにはタイミングも重要なのだ。

これ以降、J-PRISMは精力的にフィジーのカウンターパートの力を借りて南南協力を進めると同時に彼らに指導者（トレーナー）としての機会を与える。彼らは徐々に地域のリーダー的な役割に目覚めることになる。

● 2012年2月：広域研修（トンガおよびソロモン諸島の研修員→フィジー）

フィジーの西部地域の教師を対象にクリーンスクールプログラムの研修を実施し、トンガのウィニーと協力隊員の池田陽介、ソロモン諸島からウェンディが参加した。ナンディ町のプレミラとナフィザが講師として主導的な役割を担う。また協力隊との連携で学校教育のワークショップを開催。ウィニーと池田隊員およびウェンディはそれぞれ自国に戻って同様のプログラムを開始する。

フィジーの現場を視察するトンガとソロモン諸島の研修員　　　　　　　写真提供：J-PRISM

学校環境教育ワークショップ（協力隊連携）
　　　　　　　　　　　写真提供：J-PRISM

## 第4章 嵐との遭遇

### ●2012年6月：スタディビジット（パプアニューギニア研修員→フィジー、サモア、バヌアツ）

パプアニューギニアの一行がバルニ処分場改善に向けて、シャレンの案内によってラウトカのブナト処分場を視察する。一行はその後、ファフェタイのガイドでサモアのタファイガタ処分場、アモスのガイドでバヌアツのブッファ処分場を視察する。この研修に参加したNCDCのジェームズはバルニ処分場改善の設計に着手し、処分場の設計を独力で完成した初めてのローカル人材となる。

### ●2012年8月：カントリーアタッチメント[5]（ツバル研修員→フィジー）

ラウトカ市にツバルの研修員2名（ごみ収集作業員）を2週間受け入れ、シャレンが中心となり、ごみ収集や処分場運営について実地指導を行う。ところが、再三の催促にもかかわらず、ツバルの研修員は帰国後に作成することになっていた研修報告書をついに提出しなかった。

### ●2012年9月：トレーナー派遣[6]（フィジー講師→キリバス）

クリーンスクールプログラムの普及のため、ナンディ町のプレミラと協力隊員の笹岡がキリバスに派遣される。キリバスでは学校の教師を対象にワークショップを開催し、クリーンスクールプログラムの方法を指導する。

### ●2012年11月：広域研修（5カ国研修員→フィジー）

J-PRISMと志布志市の共催で5日間の広域研修をフィジーで開催する。志布志市からは西川ら一行がやってきて、熱烈な歓迎を受ける。これまでフィジー側の多くの人材が志布志市を訪問し、西川らの熱血指導を受けていた。このワークショップにはフィジー国内の自治体をはじめ、キリバス、マーシャル、サモア、ソロモン、バヌアツなど、総勢約30名が参加した。

---

5)『カントリーアタッチメント（Country Attachment）』とは研修員を他国の組織で受け入れてもらい、OJT（オンザジョブトレーニング）により特定の技術の習得を目指すプログラム。期間は1〜2週間程度。

6)『トレーナー派遣（Trainer Dispatch）』とは特定の技術を持ったローカル講師をその技術を必要とする国に派遣して指導を行うプログラム。期間は数日から2週間程度。

その中に各国から協力隊員やシニアボランティアも含まれる。

　研修実施に際し、ラウトカ、ナンディおよびシンガトカ（OISCA含む）のカウンターパートが研修講師として自らの自治体の3R活動経験を共有した。特にクリーンスクールプログラムやマーケットコンポストに参加者の多くが興味を示した。

● 2013年2月：広域研修とトレーナー派遣（パラオ・ミクロネシア連邦3州研修員およびバヌアツ講師→ミクロネシア連邦ヤップ州）

　ミクロネシア連邦のヤップで処分場改善の研修を実施。パラオとミクロネシア連邦の全州（ヤップ、チューク、ポンペイ、コスラエ）から20名が参加した。トレーナーはファフェタイとバヌアツ国のアモスが務めた。

広域研修での現場実習風景と講義をするファフェタイとバヌアツのアモス　　　　　写真提供：J-PRISM

● 2013年6月：広域研修（ミクロネシア連邦3州・マーシャル諸島研修員→ミクロネシア連邦ポンペイ州）

　ミクロネシア連邦のポンペイでパイロットプロジェクトをかねて処分場改善の広域研修を実施。参加者はミクロネシア連邦の全州とマーシャル諸島の18名で、ファフェタイがトレーナーを務めた。（4-6章参照）

● 2013年7月：広域研修とトレーナー派遣（5カ国研修員およびフィジー講師→サモア）

　国際労働機関（ILO）と共催で、6カ国（パプアニューギニア、ソロ

モン諸島、バヌアツ、フィジー、ナウル、サモア）が参加してサモアで労働安全衛生の広域トレーニングを実施。参加者にはリサイクルやごみ収集に関わっている地元サモアの民間企業も含まれる。フィジーのラウトカのローヒットを講師として招聘する。ILOからはアジア太平洋事務所から2名の専門家が参加して講師を務めた。テキストは廃棄物分野での労働安全衛生と生産性の向上のためのトレーニングマニュアルWARM（『Work Adjustment for Recycling and Managing Waste』）である。彼らのアプローチは徹底して参加者に、現場にもとづいた議論（low cost, clever, simple）から気付きを促すもので、専門家は教えることはなく、ファシリテーター（進行役）に徹する。業務実施契約によるJICAの技術協力ではとかく忘れ去られがちな部分だ。

ILO講師による労働安全衛生の講義とリサイクル業者の現場でのトレーニング　　写真提供：J-PRISM

この研修で、ローヒットは何度も顔をしかめ、「真面目にやろう」と呼びかけた。地元開催ということからサモア人が多い。サモア人はサービス精神が旺盛でどんなときにも人を笑わせようとする。研修でも笑わせるのが目的化してしまうことがある。ローヒットも元来冗談好きな男だ。それにしても限度がある、と彼は不愉快だった。中でも1人のサモア人は研修を乱していた。

J-PRISMのチーフ（天野）はファフェタイと相談する。皆の面前でその

サモア人を排除することはサモアの慣習上、受け入れられるかどうか。ファフェタイは「自分に任せてくれ」といってメモを書き始めた。そのメモを騒がしいサモア人グループのテーブルに置いた。テーブルのサモア人は何事かとそのメモを見る。急にみんながおとなしくなった。それからは、そのサモア人は中座するときは必ずファフェタイに許可を求めるようになった。

　ファフェタイのメモは「静かにしないとつまみ出す」という内容で、自分のマタイのタイトルをメモの最後に署名した。サモアは依然として伝統を重んじる社会である。高位のマタイの指示には従わなければならない。ファフェタイは他の多くのサモア人と違って、普段はマタイのタイトルを名乗らない。いざというときに伝家の宝刀を抜くのだ。

### ●2013年9月：トレーナー派遣（フィジー講師→ソロモン諸島）

　ナンディ町のプレミラとナフィザをソロモン諸島のホニアラに派遣し、教師を対象としたクリーンスクールプログラムのワークショップ開催を指導した。受け入れ側は環境省のローズマリー、ウェンディ、それにホニアラ市役所の担当者たちだ。ソロモンではエコスクールプログラムという名称にしている。（3-2章参照）

### ●2013年11月：広域研修（ミクロネシア連邦4州、マーシャル諸島およびサモアの研修員→パラオ）

　パラオでCDL（デポジット・リファンド制度）の広域研修を実施。CDLを導入しているパラオ、ミクロネシア連邦、キリバスなどの事例を共有し、各国の制度のさらなる改善と普及を図る。ただ、研修後半はスーパー台風の襲来のためコンポストの研修が中止となった。（4-7章参照）

### ●2014年4月：カントリーアタッチメント（ソロモン諸島研修員→フィジー）

　ソロモン諸島のホニアラ市に処分場担当として雇用されたばかりのジョーをフィジーのランバサに派遣する。ランバサではファフェタイとランバサ市の職員のネワールがナマラ処分場の改善を実施していた。ジョーはここでファフェタイとネワールに福岡方式による処分場改善の指導を受ける。

## ●2014年4月:トレーナー派遣（バヌアツ講師→ソロモン諸島）

　ソロモン諸島のホニアラで発生した洪水による災害復旧のため、バヌアツのポートビラ市のアモスを派遣し、災害廃棄物処理のパイロットプロジェクトを実施する。サモアのプロジェクトオフィスから専門家のマコが支援に出向く。

現地で指示するバヌアツのアモス　　　　　　　　　　　　　　写真提供：J-PRISM

　ホニアラでの大規模な洪水により、20数名が死亡し9,000人以上が被害を受けた。ラナディ処分場周辺も冠水し、不衛生な状況になっていることから早急な対策が必要となる。さらに洪水により運ばれた大量の流木や倒木がコミュニティへのアクセスを妨げ、復興の障害となっていた。ラナディ処分場の入り口付近では有害な医療廃棄物やアスベストを含むごみが次から次に持ち込まれ無秩序に投棄されていた。アモスは早速ジョーを指導しながらラナディ処分場のアクセス道路を復旧した。さらに埋立区域の状態を改善し、ごみの種類によって区画を分け、ごみの受け入れを再開した。その一方で、被災地域では洪水によるさまざまなごみが大量に発生し、不衛生な状況に陥っていた。ホニアラ市と保健省は公衆衛生の悪化を防ぐため、流木や倒木の処理とコミュニティの身の回りの適正な廃棄物処理の活動を計画した。氾濫した河川の流域には大量の流木や倒木がコミュニティ周辺のアクセスを妨害している。2012年のサモアの洪水による災害廃棄物処理の経験を伝えるべく、プロジェクトオフィスのマコはホニア

ラ市の職員と協力し3つのチームを組織した。チェーンソーで人の手で持ち運べるぐらいの大きさに切って積んでおく。コミュニティはそれを薪として使う。アクセスの確保と木材の活用の一石二鳥だ。

洪水で発生した流木・倒木を切断する作業員　　　　　　　　　　　写真提供：J-PRISM

　公衆衛生を改善するため、身の回りの災害廃棄物の適正な取り扱いを伝えようと保健省とホニアラ市はコミュニティに対する啓発活動を開始する。このパイロットプロジェクトは、環境省のウェンディが中心になり災害廃棄物対応の報告書としてとりまとめられた。

● 2014年6月：スタディビジット（サモア研修員→フィジー）

　サモア環境省のタムをフィジーのラウトカ市に3日間派遣する。目的はウェイブリッジの運営やデータ管理方法を学んでサモアに持ち帰ること。前年にタファイガタ処分場にウェイブリッジを設置した。前回の反省から、派遣前と帰国後に会議を開催し、学ぶべきこと、学んだことを詳細に発表させた。タムは学ぶ姿勢に徹したため、受け入れ側のシャレンたちからの評判も良かった。タムはサモアに帰国後、精力的にデータ管理に取り組む。

● 2014年7月：スタディビジット（キリバス研修員→フィジー）

　本邦研修に参加したキリバスの研修員を帰国途中でフィジーのラウトカ市、ナンディ町のカウンターパートに受け入れてもらう。処分場管理、ごみ収集、マーケットごみコンポスト、クリーンスクールプログラムなどを視察する。

第4章 嵐との遭遇

### ●2014年8月：スタディビジット（パプアニューギニア研修員→フィジー）

パプアニューギニアのナナイはマーケットごみのコンポストの担当になり、フィジーの事例を学ぶためにラウトカ市、シンガトカ町およびスバ市を視察する。それぞれの自治体のカウンターパートたちがナナイを指導。ところが帰国後数カ月してナナイは度重なる無断欠勤が理由で解雇される。せっかくの研修が無駄になった。

### ●2014年11月：スタディビジット（パラオ研修員→フィジー）

パラオのセルビーはランバサでの専門家養成研修に参加したあと、しばらくフィジーに残り、処分場管理、マーケットごみのコンポスト、クリーンスクールプログラムを視察する。

同じく専門家養成研修に参加したシャレンやナフィザがセルビーを案内する。

### ●2015年1月：スタディビジット（ソロモン諸島研修員→トンガ）

ソロモン諸島の離島ギゾのカウンターパートのデラルドと協力隊の上野がトンガのババウ島を訪問し、ウィニーとユリエの案内でコミュニティによるごみ収集と処分場管理を視察。デラルドと上野は帰国後にババウでの経験を元にギゾでごみ収集の改善を試みる。（4-3章参照）

### ●2015年3月：スタディビジット（パプアニューギニア研修員→フィジー）

パプアニューギニアのシメオンは専門家養成研修での訪問地ランバサを再度訪れ、実際の処分場運営についてランバサ町のネワールに教えを請う。シメオンはパプアニューギニアのバルニ処分場の責任者。

### ●2015年7月：スタディビジット（3カ国研修員→フィジー）

ソロモン諸島、トンガ、パプアニューギニアの担当者たちはナンディ町のナフィザの案内でクリーンスクールプログラムを視察し、それぞれの国での実施を計画する。

### ●2015年9月：トレーナー派遣（フィジー講師→マーシャル諸島）

ナンディ町のナフィザをマーシャル諸島へ派遣。離島のイバイで教師た

169

ちを対象にクリーンスクールプログラムを指導。環境保護局（EPA）の担当者やマジュロの協力隊員の根来宏行も参加する。

マーシャル諸島で講義するフィジーのナフィザ　　　　　　　　　写真提供：J-PRISM

　フィジーからマーシャル諸島の離島のイバイに行くには途中のホノルルで乗り換えてマーシャル諸島のマジュロを経由し、クワジェリンで飛行機を降り、厳しいセキュリティの米軍基地の中を通って、船に乗らなければならない。ナフィザ一行はプロジェクトオフィスのミクロネシア担当の吉田綾子の案内でイバイ島に渡る。イバイにはもともとの住民に加えて米軍基地で押し出されたクワジェリンの住民も一緒に押し込まれ、とても窮屈な小さな島だ。空き地はほとんどない。そこかしこで子供たちであふれている。フィジーからやってきたナフィザは息が詰まりそうになる。アメリカナイズされているためにジャンクフードしかない。牛肉も豚肉も食べないナフィザには厳しい環境だ。それでもイバイのカウンターパートは熱心なのでナフィザの指導にも熱が入る。ナフィザは華奢だが、人の前に立つときの自信に満ちた声はよく通る。その声は聞く者に安心感を与える。彼女の講義は専門家養成研修でも他の研修員から圧倒的に高い評価を得た。

● 2015年10月：トレーナー派遣（バヌアツ講師→ソロモン諸島）

　ホニアラ市の処分場改善のため、バヌアツのアモス（ポートビラ市を解雇された）を専門家として派遣。アモスは福岡方式による改善を指導する。

第4章　嵐との遭遇

ホニアラ市の処分場で指導するバヌアツのアモス　　　　　　　　　写真提供：J-PRISM

### ●2015年11月：トレーナー派遣（フィジー講師→マーシャル諸島）

　ラウトカ市のローヒットをマーシャル諸島へ派遣し、首都のマジュロと離島のイバイでごみ収集や処分場管理での労働安全衛生の指導を行う。ローヒットは今やILOの公認のトレーナーで、大洋州のみならずアジアなどの国へ講師として招聘されるまでになっている。

マーシャル諸島で指導するフィジーのローヒット　　　　　　　　　写真提供：J-PRISM

　こうした機会を与えられたカウンターパートたちは指導者としての自覚をもち、自信を持ったトレーナーに成長した。彼らは地域の助け合いになくてはならない存在である。

| BOX-4 | ローカルトレーナーの養成と登録 |
|---|---|

　J-PRISMのプロジェクト目標達成の指標の1つに、養成されたローカル専門家（トレーナー）の人数が設定されている。これは技術協力プロジェクトの主要な目的である人材育成を考慮したものである。

　J-PRISMのプロジェクト期間中にカウンターパートたちが参加したトレーニング、研修、国際会議などの内容は、太平洋島嶼国能力開発データベース（PIDOC）に登録される。PIDOCには誰が、いつ、どこで、どのようなトレーニングや研修に参加し、どういう役割を演じたのかという情報がデータベースとしてSPREPのサーバーに蓄積されている。これによりさまざまな廃棄物分野の技術（現在は14分野）をどこの国の誰がノウハウを持っているかが検索できるようになっている。

PIDOCに登録されている研修・トレーニング

| 研修・トレーニングの種類 | | 実施回数 | 延べ参加者数<br>（ローカル研修員） | 延べ講師数<br>（ローカル指導者） |
|---|---|---|---|---|
| 国境を超えるもの | カントリーアタッチメント | 4 | 5 | 4 |
| | スタディビジット | 9 | 18 | 17 |
| | トレーナー派遣 | 5 | 114 | 6 |
| | 広域研修 | 11 | 313 | 46 |
| | 小計 | 29 | 450 | 73 |
| 国内のみ | 内国研修 | 57 | 1,419 | 99 |
| | 小計 | 57 | 1,419 | 99 |
| 合　計 | | 86 | 1,869 | 172 |

　J-PRISMの5年間のプロジェクト期間中に研修やトレーニングを計86回実施し、延べで1,900人近い人数に技術の移転を試みた。その多くがローカルの講師からローカルの研修員への技術移転である。研修参加者の登録数は実質400名以上で、トレーナー（ローカル指導者）として指導経験のあるローカル人材が40数名に上る。彼らは単なる数字ではなく、表に示された数字では表せない1人1人の個性が存在する。

　各人のトレーナーとしての経験値を測る指標として『トレーナーマイ

レッジ』の点数が合わせてわかるようになっている。このマイレッジポイントはトレーナーとしての経験を積むごとに技術分野別の点数として蓄積される。したがって、ある分野のトレーナーで誰がどの程度の指導経験を持っているのかを知ることができる。これも今後の南南協力の仕組みに組み込まれることが期待されている。

# 第5章

## 生 還
### －技術協力でもたらされた成果－

## 5-1. 2015年沖縄研修（挑戦）

5月下旬といえば太平洋では雨期が明けて、北半球ではこれから夏に、南半球では逆に冬に向かう季節だ。J-PRISMの最終年度の2015年5月、15名の精鋭が沖縄に集結した。沖縄に集まったのは半年前にフィジーのランバサの専門家養成研修に参加した面々だ。J-PRISMのチーフ（天野）をコースリーダーとして、プロジェクトオフィスのファフェタイ、SPREPのベラ、専門家のユリエがファシリテーターとして参加した。また、地元の沖縄から桜井（沖縄大学教授）が要所要所で参加し、研修員を激励した。前回参加できなかったパラオのカルビンとミクロネシア連邦のチャールズが新たに参加した。ソロモン諸島のウェンディは残念ながら直前に不参加となった。参加者は以下の15名だ。

- パラオ：カルビン（公共事業局）、セルビー（コロール州）
- ミクロネシア連邦：ティナ（ヤップ州）、チャールズ（ポンペイ州）
- パプアニューギニア：ジョシュア、ヴィヴィアン、ジェームズ（NCDC）
- バヌアツ：ロジャー、アモス（ポートビラ市）
- フィジー：ローヒットとシャレン（ラウトカ市）、ナフィザ（ナンディ町）、ネワール（ランバサ町）
- トンガ：ウィニー（環境省）、マナセ（保健省）

この研修の目的は、ローカルのローカルによるローカルのための太平洋島嶼国向けの廃棄物管理テキスト（ガイドブック）を作ることである。研修員全員が得意分野の執筆に協力することに加え、各研修員が前回研修時に講義した内容を更新し、活動の進捗状況を共有し、議論を通じてお互いに学びあうことを目的とした。そうしてローカル専門家（候補）同士のネットワークを強化することもある。

前年のランバサでの研修時に、桜井の提言で地域内の専門家候補者である研修員たちに執筆協力してもらうことになった。2000年から積み上げてきたJICAの協力により育成されたローカル専門家候補生たちの経験や優

良事例を彼ら自身の手で新たなガイドブックに盛り込むべきだという提言だ。

研修は大きく2部構成となっている。

第1部：各人の活動の更新（講義）と沖縄のリサイクル事情の講義・現場視察・グループ討議を通じた相互の学びあい

第2部：グループ討議を通じた廃棄物管理テキスト内容の検討・概要案作成および発表

研修員の自主的な参加の仕掛けとして、研修員全員が講師となるセッションとグループ討議を通じて積極的に参加するようなプログラム構成となっている。具体的には毎朝の省察・話し合い、研修員全員による講義、グループ単位での質疑応答、グループ討議、個別トピックプレゼン・質疑応答などだ。

前日の講義の振返りや過去の自分の業務に対する気付きを深めるために、頭が最も新鮮な朝一番に省察（振り返り）の時間を設けた。省察はまず個人で行い、グループ内で共有し議論する。毎日の振り返りにより自分の気付きを言葉にするという作業は理解の促進と記憶の定着に効果がある。また他人の発言をしっかり聞く（傾聴）ことでさまざまな気付きが生まれる。他人から指摘されるよりも、自身での気付きの方が自発的な行動につながりやすいということだ。毎日のグループのメンバーはシャッフルされ、研修員たちは朝8時には集まって黙々と省察を行う。

研修員による講義セッションでは、他の研修員は事前に講義概要を読みその講義からどのようなことを期待するかを記述する。各セッションの講師役の研修員は、最初の30分程度を用いて講義を行い、そのあとでQ&Aを15分程度行う。講義はビデオで撮影し、後日、本人に渡される。講義の後、まず、研修員各人が質問を箇条書きにし、各グループから順番に質問を行う。その後、質疑応答からの学びを記入する。さらに講師の講義を評価する。研修員が記載した評価シートは後で講師役の研修員に渡し、ビデオとともにプレゼンや講義内容の改善につなげてもらう。

178

議論が白熱した時や研修中に生み出される新たなテーマの議論を吸収するために空白（予備）の時間をあらかじめ設けてある。これは状況に応じて別のセッションを作ったりQ&Aセッションとしても代替可能である。議論が白熱してきたときには時間どおりにセッションを終わらせずに議論を優先し、後の時間を調整する。そのための空白時間なのだ。

各研修員の講義の相互評価では以下の講義が最高評価を受けた。
・ネワール（フィジー・ランバサ町）のランバサ町の廃棄物管理全般
・ローヒット（フィジー・ラウトカ市）の廃棄物管理における労働安全衛生
・ナフィザ（フィジー・ナンディ町）のクリーンスクールプログラム

フィジーのシャレンの講義とグループディスカッションの風景　　写真提供：J-PRISM

特別プログラムとして、トンガで草の根技術協力を実施した『沖縄リサイクル運動市民の会』の古我知代表から沖縄のリサイクルの歴史や離島のごみ事情について熱心な講義があった。沖縄の歴史についても紹介があり、かつて琉球王国が長く続いていたことや戦中戦後の沖縄のおかれている特殊な事情について研修員たちの理解を深めた。沖縄ではさまざまな国庫補助による過大な施設整備が行われ途上国と同じような問題を抱えている（国内ODA問題、南北問題）という説明が印象的だった。特に離島における焼却炉や高度施設導入の失敗例は持続性、適正技術といった観点から研修員にも身近に感じられた。

『沖縄リサイクル運動市民の会』の古我知代表の講義と『買い物ゲーム』　　　写真提供：J-PRISM

　研修員はフィールドワークとして、トンガの草の根技術協力でリサイクル技術や経営改善の研修実施に協力した拓琉金属㈱の工場を視察した。工場のうち、アルミ缶選別圧縮工場、家電リサイクル工場、OA機器リサイクル工場、自動車リサイクル工場、非鉄金属リサイクル工場を見学した。沖縄でリサイクルできるのは鉄、ガラスの一部、段ボールのみで、これ以外は沖縄から外部に輸送（輸出含む）して処理されている。大洋州の島嶼国と同じように多くのリサイクル可能物がリターンされているのだ。

　沖縄でもリサイクルのためにはリターンが重要であることが大洋州島嶼国との大きな共通点であり、かつ課題であることが議論された。

リサイクル工場視察　　　　　　　　　　　　　　　　　　　　　写真提供：J-PRISM

残念なことに、この研修期間中にバヌアツのポートビラ市から参加しているロジャーとアモスが市から解雇通知を受け取った。市のリストラで、半数近い職員が解雇されることになったのだ。2人ともJ-PRISMから個人として表彰された優秀なカウンターパートだ。市にとっては必要な人材だが、内部で政治的な軋轢があったようだ。ロジャーとアモスの動揺は大きかったが、このニュースを聞いた他の研修員からたくさんの激励を受けた。

　この研修で、研修員全員がそれぞれの得意分野について講義を行うとともに、割り当てられたテキストのドラフトを執筆するための資料作成や議論を行った。こうした作業を通じ、ローカル専門家候補としての意識がさらに高まった。

　この研修でもファフェタイが地域のロールモデルとして中心的な役割を果たした。彼らの中から第2、第3のファフェタイが育つことが人材の『地産地承』であり、地域の経験を受け継ぐ『知産知承』となる。研修最終日には、地域のリーダーとして各国を牽引し、後継者を育てる役割を演じる覚悟を持った頼もしい顔が並ぶ。[7]

2015年沖縄研修の専門家候補生たち　　写真提供：J-PRISM

---

7) この研修の成果である太平洋島嶼国向けの廃棄物管理ガイドブックは、ファフェタイを編集主幹とする編集作業を経て、2018年3月にSPREPより出版された。

## 5-2. ステアリングコミッティー（凱旋）

「ジャパン、おめでとう！」すれ違うたびにサモア人が祝福する。2015年の9月のある日のこと。その日の早朝、奇跡が起きた。日本代表のエディー・ジャパンが強豪南アフリカを破った。ラグビーはサモアの国技である。人口わずか18万人の小国が唯一大国と対等以上に闘えるスポーツだ。サモアはニュージーランドのオールブラックスを筆頭にラグビー強国の代表やクラブで活躍する選手を多く輩出している。サモア、フィジー、トンガの人々にとって、ラグビーは生活の一部だ。ワールドカップの期間は誰もがテレビに釘付けになる。

J-PRISMの最終年度のプロジェクト運営会議はまさにワールドカップ期間中の2015年9月に開催された。連日、ゲームの話で町中が盛り上がっている。プロジェクトの最後の運営会議なので多くのカウンターパートを招聘した。日本からもJICA地球環境部の森尚樹審議役（環境管理グループ長兼務）と担当の田口達職員が遠路はるばるサモアにやってきた。サモアには地域各国のほとんどのカウンターパートがフィジー経由で入ってくる。北はパラオ、ミクロネシア連邦、マーシャル諸島からハワイ経由でフィジーへ、南はパプアニューギニア、ソロモン諸島、バヌアツ、キリバス、ツバル、トンガなどから乗り継ぎのためフィジーへ入る。フィジーのナンディからサモアのアピアへの便は悪名高いフィジーエアウェイズだ。

会議の前日の夜に各国を代表する20名近いカウンターパートがフィジーからサモアに到着した。ところがそのうち荷物が出てきたのはわずかに数名だった。出迎えに行った業務調整のマコからサモアのプロジェクトオフィスの専門家やサモアのカウンターパートにその知らせが届く。翌朝、彼らのためにみんなで余分なアイランドシャツをたくさん持ち寄った。

いよいよ会議が始まる。SPREPからはシェパード事務局長らが出席した。2011年の2月に開始された大洋州の11カ国を対象とする広域プロジェクトはJICAのなかでも極めて珍しい。すべてが新しい試みで、さまざまな

第5章 生還

失敗を重ねながら進めてきた。技術協力の目的であるキャパシティ・ディベロップメント（先方の人材育成と能力向上による技術移転）を愚直に実行してきた。それは2000年に始まった協力からJ-PRISMまで継続してきた日本の支援の積み重ねの歴史でもある。

最後の運営会議は2部に分かれている。第1部は各国のカウンターパートが成果を報告するセッションだ。

JICAサモア支所長、J-PRISMチーフアドバイザーおよびSPREP事務局総長から歓迎のあいさつのあと、8人のカウンターパートが演壇に立った。

第1部の前半は各国のカウンターパートがこれまでの活動の成果をそれぞれ発表する機会が与えられた。サモアのタムは主としてタファイガタ処分

プレゼンをする各国のカウンターパート（サモア、パプアニューギニア、トンガ）　　写真提供：J-PRISM

183

場に設置したウェイブリッジによるデータ管理を、キリバスのエリザはデポジット制度や有料ごみ袋（グリーンバッグ）を使ったごみ収集の有料化について、ソロモンのジョーはラナディ処分場の改善や災害廃棄物処理を、またパプアニューギニアのシメオンはバルニ処分場改善やスクワッター地区へのごみ収集拡大について発表した。ファフェタイがそれぞれの発表に対する講評を述べながらプログラムを進めた。ファフェタイはすっかりJICA専門家として定着し、J-PRISMのアシスタント・チーフアドバイザーとして地域のカウンターパートのロールモデルとなっている。

　後半は分野別の発表で、ミクロネシアのチャールズがポンペイの処分場改善の過程を丁寧に説明し、自分たちでできることを強調した。フィジーのロバートはマーケットごみのコンポスト処理に関わるさまざまなデータを示し、自信に満ちた態度で分析結果を説明する。トンガのメレはウィニーとマナセの代わりに離島のコミュニティ自身によるごみ収集を紹介する。最後にパラオのカルビンがアルミ缶やペットボトルのデポジット・リファンド制度とその運営の報告でプレゼンを終わった。

　第1部の締めくくりとしてソロモン諸島環境省次官のマタキが登場し、それぞれのプレゼンに対する称賛のコメントを述べたあと、プロジェクトの成果には2種類があると続けた。

　「1つ目は目に見える成果です。改善された処分場や、収集サービスの向上、回収された有価物の量などです。これらは我々が容易に目で見ることができ、評価できます」

　そこで、チラッと手元のメモに視線を移し、顔を上げてゆっくりと場を見渡す。

　「2つめは目に見えない成果です。いわゆるキャパシティの向上です。皆さん先ほどのプレゼンをご覧になってどう感じたでしょうか？処分場の改善、コンポスト、データ管理、コミュニティによるごみ収集、CDLによる有価物の回収やリターンなど、素晴らしい成果ですね。私はそういった成果をもちろん評価しています。でも目に見えない成果の方がもっと重要だと考

えます。皆さんに考えて欲しいのは、このような目に見える成果を我々自身が生み出したということです。目に見えにくい我々の能力が向上したということなのです。人はとかく目に見える成果に焦点を当てがちです。私は、むしろ、目に見えない成果に焦点を当てることの方がより重要である、とこのプロジェクトを通じて学びました」

なかなか感動的なスピーチだ。

第1部のプレゼンを聞く各国の参加者たち（左）とソロモン環境省マタキ次官（右）　　写真提供：J-PRISM

昼食を挟んで午後は第2部の本会議である。

議長のサモア環境省次官が冗談を交えて開会を宣言した。何人かの来賓のあいさつに続いてチーフアドバイザー（天野）がこれまでのプロジェクトの進捗を振り返った。技術協力の目的とは何か？それを達成するためのJ-PRISMのアプローチとは？その結果、何が成果としてもたらされたか？などなど。チーフはいつも技術協力プロジェクトをスポーツのチームに例えて説明する。今日のプレゼンではワールドカップ真っ最中のラグビーチームに譬えた。スライドを見ただけで多くのカウンターパートは笑っている。

「これは重要なことだから何度でも話すよ。技術協力プロジェクトの目的は箱モノ援助と違って、皆さんのキャパシティ（特定の課題に対する対処能力）の向上だということはもうわかってるね。技術協力にはいくつかの鍵となるプレーヤーたちがいる。まず最初が、技術移転の対象となるカウン

ターパートで、彼らはいわばラグビーチームの選手たちだ。選手は日常の訓練によって地道に技術を磨く必要があるよね。次に、マネジメントで、皆さんのボスだね。彼らはいわばチームのオーナーで、チームが勝つために良い選手を集め、必要な設備や器具を与えなければいけない」

　そこでちょっと時間をおいて続ける。

　「さて、次がJICA専門家で、コーチだ。ここで重要なことは、コーチは試合に出ないということ。試合に出るのはあなた方、選手たちだ。フィールドでプレイするのはあくまで選手でコーチじゃない。日本代表のコーチ、エディ・ジョーンズは試合に出ないよね？ それと同じなんだ」

　参加者はウンウンと頷き、笑いながら聞いている。

　「そして最後がチームのサポーターだね。一般市民や民間企業の人たちだ。ラグビーチームは勝つことで、すなわち、いい仕事をすることでサポーターに報いなければいけない」

　キャパシティを向上し、成果を出すには選手自らが働かなければならない。コーチは選手の肩代わりをしてはいけないのだ。選手たちはきちんとした仕事をすることでサポーターの信頼を勝ち取る必要がある。そのための日々の訓練が欠かせない。コーチはそれを助ける役目だ。

　最後に、再び、会議に参列しているカウンターパートに向かって語りかける。

　「目的地よりも旅の途中の方が重要だという言葉がある。キャパシティシティ向上のためには、プロジェクトでは結果よりもプロセスの方がずっと重要だという意味だね」

　これは第一部のマタキ次官の言葉にも相通じるものだ。そして、

　「我々はプロジェクトを通じて皆さんの中に種を蒔いてきた。今度はその種を皆さんが他の人たちに移植してゆく、それを次から次に続けて行って欲しい」と結んだ。

　いよいよ優秀者の表彰だ。最終年度のため、過去1年の成果だけでなく、これまでの貢献も評価された。

第5章 生還

プロジェクト運営会議第2部JICA森審議役(左)と活動報告を聞く参加者(右)　写真提供：J-PRISM

　個人賞は太平洋島嶼国向けの廃棄物管理ガイドブックの執筆に貢献した16名に贈られることになった。チーム賞はバルニ処分場の改善やスクワッター地区へのごみ収集拡大などが評価され、パプアニューギニア・チームが受賞。また、プロジェクトを通して他国からの研修員受け入れや他国へのトレーナー派遣に貢献したこと、地域で初めて中央政府（フィジー環境局）が自治体の廃棄物管理を支援するの補助金制度を確立したこと、が評価されてフィジー・チームが併せて受賞した。パプアニューギニアとフィジーはともに太平洋でリーダー的役割を担っており、廃棄物管理の分野でも南南協力（途上国間の協力）の中心として育ってきたことは喜ばしい。パプアニューギニアのNCDCのジョシュアとフィジー環境局のライサニが代表して賞状を受け取った。

　特別賞はプロジェクトと協力して『3R+リターン』を積極的に行っているサモア、ミクロネシア連邦（ヤップおよびコスラエ）およびトンガの民間企業5社に与えられた。小さな島では政府の能力は限られている。民間の役割は大きく、官と民と市民が協力して島全体として能力の底上げを図らなければならない。

　次のプログラムはプロジェクトの終了時評価の結果発表である。1カ月以上にわたって地域各国を訪問して現場を視察し、聞き取り調査を行ってと

りまとめた結果だ。3人の評価コンサルタントが地域各国を訪問して調査を行った。評価コンサルタントの原口孝子と広内靖世が代表してそれぞれ北と南の担当地域の国と地域全体の評価結果を発表した。評価は単に結果だけでなく、結果に至るプロセスも重視する。現地でインタビューしたカウンターパートがプロジェクトを通じていかに成長しているかを丁寧に見るのである。各国での短い滞在期間でどれだけ情報を引き出せるかは評価コンサルタントの腕の見せ所だ。評価結果には満足する国もそうでない国もある。自分たちはこんなに頑張ったという思いもあるだろう。それぞれの国の目標や活動が異なるため、単純に横並びでは評価できない。結果に表れない『目に見えにくい成果』を評価するのも調査の役割である。さらに、残りのプロジェクト期間でやるべきことも提言する。これだけ多くの国が対象となるプロジェクトはJICAでも極めて珍しい。評価コンサルタントにとってもチャレンジングなプロジェクトだ。この終了時評価調査では、2010年から大洋州のいくつものプロジェクトの評価に関わってきた間宮が裏方として日本からサポートを行った。短期間で移動を繰り返す調査は肉体的にも精神的にもハードな仕事だ。発表を終えた2人のコンサルタントの顔に、やりきった安堵の表情が浮かんだ。

　第2部の総括はSPREPのシェパード事務局長だ。オーストラリア人の彼は6年間の任期の間にSPREPの組織を大きく拡げた。積極的に援助機関や先進国と面談し、多額の協力を取り付けることに成功した功労者である。加盟国の意見によく耳を傾け、サモアにあるSPREPの支援が届きにくい北のマーシャル諸島やミクロネシアにSPREPの駐在員をおいた。援助機関や国際機関の代表事務所が集まる南のフィジーにもSPREPの分室を構えた。人当たりの良い、実行力を備えた人物だ。彼はどんな会議や打合せでも、いつもA4サイズの分厚いノートに大きな字でメモを取る。そのノートを見ながらシェパードが会議の総括を始めた。

　「太平洋の島嶼国では廃棄物管理は地域共通の大きな課題だ。私は

まずJICAが長年にわたってこの分野に協力してくれていることに最大限の敬意を表したい。他の援助機関は3年から5年で止めてしまう。でもJICAはずっと協力を続けてきた。そのおかげで今日見たようにさまざまな成果が出ている。SPREPはJICAのプロジェクトの共同実施パートナーとしてその成果を誇らしく思う。J-PRISMは革新的で、具体的な成果を上げながら長期的な視点で技術的な能力の向上を図っている。先ほどのプレゼンの中で、チーフはラグビーチームに譬えてそれぞれの役割を面白おかしく、しかも的確に説明してくれた。エディ・ジョーンズのようなコーチのおかげで日本が南アフリカに勝利したようにね。もちろんエディは試合に出ていない。試合に出たのは選手たちだ。だからJ-PRISMの成果は君たち選手がもたらしたものだ」

シェパードの話を聞いているカウンターパートたちの目が輝いている。

締めくくりにJICA本部の森からプロジェクト関係者への感謝の言葉があり、J-PRISM最後の運営会議を閉会した。

プロジェクト運営会議　SPREPシェパード事務局総長と集合写真　　　　写真提供：J-PRISM

その夜、ファフェタイはプロジェクトオフィスの専門家の仲間たちと一緒だった。JICA本部の森や田口との食事会に参加するためにヨットクラブに来ている。ヨットクラブは海沿いのレストランだ。海に張り出した屋外のテーブル席に座って、潮風が心地よかった。遠くにアピア港の埠頭が見える。

今日は海も穏やかだ。西の空にわずかに残るオレンジ色の雲が、次第に青みがかった色に変わろうとしている。

「カンパーイ！」とマコが音頭を取る。カチン、カチンと何度もビンやグラスの音がする中、「お疲れ様でした。今日は一日ありがとうございました」と森が皆の労をねぎらった。

マコのおしゃべりで場が盛り上がっている間に、辺りはもうすっかり日が暮れて、空にはいつのまにか湧き出た無数の小さな点々が灯っている。ファフェタイは星空を見上げながら、ニュージーランドにいる家族を思った。彼はもう南十字星がどれだったか思い出せなかった。

---

### BOX-5　J-PRISMの成果

2011年から5年間実施されたJ-PRISMは、各国の活動による成果に加えて、地域協働の活動で以下のような成果を生み出した。

- カントリーアタッチメント、スタディビジット、トレーナー派遣、広域研修など、地域内の南南協力促進によるキャパシティ・ディベロップメント（ローカルトレーナーの養成）

- 大洋州の廃棄物管理に係る人材インベントリーとしてPIDOCを考案し、地域ローカル人材育成・活用に向けたデータベースの構築

- 災害廃棄物対策のパイロットプロジェクトを通じた知見の共有（フィジー、サモア、ソロモン諸島、バヌアツの経験）

- SPREPによる新たな太平洋地域廃棄物・汚染管理戦略（Cleaner Pacific 2016-2025）の策定支援と『3R+リターン』や廃棄物円卓会議の設立などにJ-PRISMの知見のインプット

- SPREPを通じてEU、UNEP、AFD、オーストラリア、ニュージーランド、国際労働機関（ILO）などの他援助機関や国際機関との連携

- アジア太平洋3R推進フォーラムや国連小島嶼開発途上国会議などの国際会議で、地域内相互協力の枠組み強化や『3R+リターン』の仕組み作りの議論を提起し、成果文書の策定に貢献

　技術協力プロジェクトとしての最も大きな成果はトレーナーとして成長した多くのカウンターパートたちである。彼らの生み出した各国での主な成果は次のとおりである。

**【パラオ】**
- デポジット・リファンド（CDL）プログラムの促進
- 国家廃棄物管理計画策定、3R啓発

**【ミクロネシア連邦】**
- 全4州の廃棄物管理戦略策定
- 処分場改善（ヤップ、チューク、ポンペイ）
- ごみ収集改善（チューク、ポンペイ、コスラエ）
- CDLプログラム改善（ポンペイ）

**【マーシャル諸島】**
- 国家廃棄物戦略ドラフト策定
- イバイ島の処分場改善・ごみ収集改善・学校での3R啓発

**【キリバス】**
- 有機性ごみの有効利用
- クリーンスクールプログラムの導入

**【パプアニューギニア】**
- バルニ処分場の改善
- NCDC廃棄物管理計画策定
- 学校3R啓発
- スクワッター地域へのごみ収集導入

**【ソロモン諸島】**
- 国家廃棄物管理戦略の策定

・ホニアラのラナディ処分場改善、ギゾの処分場とごみ収集改善

・エコスクールプログラム普及

【バヌアツ】

・国家廃棄物管理戦略および行動計画の策定

・野菜市場ごみの有効利用

・有料ごみ袋制度導入

【フィジー】

・自治体の3R活動の普及

・クリーンスクールプログラムの普及

・中央政府の3R補助金制度導入

・他国研修員への指導（広域研修など南南協力への貢献）

【トンガ】

・ババウ島カラカ処分場改善

・ババウ島コミュニティごみ収集導入

【サモア】

・サバイ島の処分場改善

・タファイガタ処分場ウェイブリッジによるデータ管理

　これらの成果はさらにJ-PRISMフェーズ2プロジェクト（2017年～2022年）へと受け継がれている。フェーズ2プロジェクトでは各国での廃棄物管理のさらなる基盤強化に加えて、地域レベルでは廃棄物管理におけるモニタリング指標の提案と実施、持続的な南南協力の仕組みの構築、災害廃棄物管理ガイドライン策定、地域リサイクル促進のための仕組み提案などが盛り込まれている。

## 5-3. 新たな地域戦略とクリーンパシフィック円卓会議（希望）

J-PRISMのプロジェクト運営会議が行われたと同じ時の2015年の9月、サモアで開催されたSPREP年次加盟国会議で太平洋地域の新たな廃棄物戦略が全会一致で採択された。新しい戦略の名称は、『Cleaner Pacific 2016-2025』である。

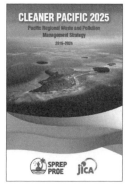

新たな地域廃棄物戦略『Cleaner Pacific 2016-2025』と実施計画
出典：SPREP

本会議の場で、SPREPのシェパード事務局総長から地域戦略『Cleaner Pacific 2025』策定にかかるJICAとEUの支援に対する感謝の言葉があった。

新たに策定された戦略はこれまでの戦略『太平洋地域固形廃棄物管理戦略2010-2015』と比べていくつかの点が大きく変更された。すなわち、固形廃棄物に加えて有害廃棄物や廃水を含んだ包括的なものとなったこと、廃棄物管理のみならず汚染管理（陸上、海洋）も含むこと、戦略の実施をモニタリングする『太平洋廃棄物および汚染管理円卓会議（クリーンパシフィック・ラウンドテーブル）』を設立し、2年おきに開催すること、などだ。

太平洋地域で初めての、地域廃棄物および汚染管理を議論するクリー

ンパシフィック円卓会議は2016年7月25日から28日の4日間、フィジーの首都スバで開催された。円卓会議の目的は以下だ。

- 太平洋地域内での廃棄物・汚染管理に係る対話を促進しネットワークの構築と拡大を図ること
- 地域廃棄物管理戦略『Cleaner Pacific 2016-2025』の実施状況の地域および各国レベルでの進捗モニタリングを行うこと
- 廃棄物・汚染管理に係る知見や活動の情報を共有すること
- 援助機関や国際機関が支援するプロジェクトや資金への地域各国のアクセス機会を拡大すること

参加者の集合写真と開会式の来賓（フィジー環境省次官、SPREP新事務局総長、JICA／J-PRISM、EU）
写真提供：SPREP

　会議には地域各国代表、援助機関、国際機関、大学など研究機関、NGO、民間企業など100名を超える参加者が4日間にわたって熱い議論が展開される。まず会議の冒頭で、ホスト国のフィジー環境省次官、JICA／J-PRISMチーフアドバイザー、EUの代表、主催者のSPREP事務局総長から歓迎のあいさつがあり、地域で初めて廃棄物に係る関係者が一堂に会す意義が強調される。記念写真撮影のあと、いよいよ個別のセッションが開始された。セッションは以下の6つの分野で、プレゼンテーションと活発な議論が行われた。

　（1）人材能力開発
　（2）組織・制度開発

第5章　生還

（3）廃棄物・汚染管理分野の持続的な成功事例

（4）官民連携の促進

（5）化学物質と汚染管理知見の共有

（6）地域および国内の協力促進（南南協力）

　これらのセッションではJ-PRISMのカウンターパートたちが次々と登場して活動や成果を紹介する。（1）人材開発でファフェタイやソロモン諸島のローズマリー、（2）組織制度開発ではフィジー環境局のアミニアシ、ラウトカ市のシャレン、パラオ公共事業局のカルビン、（3）成功事例ではフィジーナンディ町のナフィザとランバサ町のネワール、（4）官民連携ではサモアとキリバスの民間リサイクル業者、（6）南南協力ではフィジーのバラ、サモアのジョン、プロジェクトオフィスのマコなどである。全体として発表者の半分以上をJ-PRISM関係者が占め、大きな存在感を示した。また6セッション以外の重要なテーマとしてサイドイベントに『災害廃棄物管理』が別途取り上げられ、プロジェクトオフィスのファフェタイが地域内で実践したパイロットプロジェクトの知見を共有した。

　3日間の会議で次のような7つの分科会（ワーキンググループ）の設置が合意された。

①海洋ごみ（主にマイクロプラスチック問題）

②有機性廃棄物処理

③地域リサイクルネットワーク

④災害廃棄物管理

⑤廃棄物収集システム

⑥最終処分場

⑦人材開発

　今後、SPREPを中心としてそれぞれの分科会が設置されてCleaner Pacific 2025のモニタリングが行われることになる。

　これまで太平洋地域の廃棄物の関係者が一堂に会して議論する場はな

く、この円卓会議で初めてそれが可能になった。それぞれの援助機関や研究機関、行政と民間、NGOや市民が別々に活動を行っていたものが、この会議を通じてようやく地域全体で連携しようという機運が見えてきた。2018年に第2回目の円卓会議が開催される。

太平洋島嶼国は地理的、経済的にさまざまな制約を受けている。個々のキャパシティは小さく、行政の能力は極めて限られている。1つの島の中で民間や市民の協力を引き出し、島全体としてのキャパシティを向上させることが必要だ。同時に、太平洋の地域内の国と国がお互いに助け合う、Pacific to Pacificの協力を持続的に行えるような仕組を構築していかなければならない。1つの自治体や1つの国レベルでは能力ある人材の絶対数が限られているため、各国の国内リソースだけで廃棄物の全ての課題に取り組むことは困難であり、域内の多様な人材をうまく組み合わせて課題に対応することが不可欠である。そういった仕組みを作ることは一プロジェクトでできるものではなく、すべての関係者の知恵と継続的な努力が必要だ。

2000年に小さく始まった日本の協力を、これまで長く継続することによって、『廃棄物』が地域全体の重要課題として認識されるようになった。そのおかげで日本以外の援助機関もこの分野に参入し、それなりの成果を上げてきている。しかしながら、これらの協力が成功したかどうかの評価は、地域で廃棄物がもはや優先課題でないと認識されて初めてできるのだ。そう考えれば、まだまだ道は半ばであり、これからも目的地までの長い航海を続けなければならない。

# エピローグ

　途上国を旅すれば日本がいかに豊かな国であるかを実感する。先進国では物の選択の多様さが豊かさの尺度である。多様な製品の差別化がリサイクルをより複雑かつ困難にし、利便性や安全性を確保するための使い捨てが定着している。さらにビジネスの世界では、意識的に流行を作り出し消費者の購買意欲を促進する。その結果、時代遅れ・流行おくれの製品は寿命を待たずに捨てられる運命だ。

　グローバリズムのおかげで途上国では先進国が歩んできたよりもはるかに速い速度で社会の変化を経験している。輸入品に依存する大洋州の島嶼国では、物の流れが一方通行で先進国のごみ捨て場と化す可能性がある。今はインターネットで簡単に中古車が買える時代だ。輸入された中古車は残骸となって環礁を埋め尽くす。一度便利さを享受すれば昔の不便さには戻れない。

　歴史的に日本と結びつきの強いこの地域の支援を考えるとき、アジアや他の大陸にある国と違って、規模の経済が働かないことを肝に銘じるべきである。さしたる産業もない小島嶼国が自立するためには、多額の援助は途上国を蝕む麻薬のようなものである。いろいろなシステムの日常の運営管理をきちんとすることが社会を正常に動かすための基本である。日常の運営管理を少しでも改善しない限り、いくら援助によって施設や設備を更新してもまた同じ轍を踏むことになる。財政基盤が脆弱で限られているがゆえに運営維持管理に多額の費用を必要とするような援助のやり方は好ましくない。持続性を保つために、昔ながらの自給自足に近い生活を途上国が選ぶことはもはやありえない。どこで折り合いをつけるのか、途上国にとって極めて困難な課題である。

　技術協力は『人に始まり、人に終わる』といえるのではないだろうか。

　技術協力の醍醐味は人の成長に寄与すること、そしてその成長を間近

で見ることができることである。技術協力の役割は開発途上国の人々に成長の機会を与え、成長を促すことにある。きっかけは外からであっても、成長は自発的であるべきだ。

「後進国の一番乏しい資源は、能力ある人である」

これは、1972年に出版された『ルワンダ中央銀行総裁日記』の中の言葉である。この状況は今でも変わっていない。特に人的資源の乏しい太平洋の小さな島嶼諸国にとってこの言葉の持つ意味は重い。どんな制度や計画を作っても、どんな施設を作っても、それを動かすのは『人』だからだ。

技術協力を通じて本当に伝え、残すべきものは、物理的な施設や、単なるノウハウや、明文化された制度や計画ではない。どんな施設や制度もそれらを担う人たちの気概や能力があって初めて保たれる。伝えるべきものは思想や意思である。それが『人』に蓄積され、人から人に伝えられるのである。精神の移転なくしては、技術は容易に伝わらない。国造りは人造りから始まり、人造りは精神の移転から始まる。

技術協力プロジェクトを通じて成長するのはカウンターパートだけではない。そこに関わるすべての人に成長の機会が与えられる。機会は試練。試練は人を成長させるエンジンだ。自分が成し遂げたことではなく、相手（カウンターパート）が成し遂げたことで専門家の評価が決まる。それに気づかず自分自身で成果を出そうとする専門家は不幸である。相手の成長を見る機会を自ら奪ってしまっているのだから。専門家主導で行うプロジェクトではドラマは生まれない。突き詰めれば、専門家の役割はカウンターパートの成長のためにいかに環境を整え、成長のための機会を提供するかということである。

技術協力は極めて人間的な営みで、時間がかかる。辛抱強さが要求される。賽の河原で石を積むようなものだ。何度壊れても諦めずに積み続けることが必要だ。カウンターパートは一様ではない。技術協力の専門家

は人間力が試される。だから常に自分を磨き続けなければならない。

2000年に小さく始まった技術協力は10年後にJ-PRISMという11カ国を対象とする広域プロジェクトに発展する。過去の協力に加えてJ-PRISMでは愚直に"能力ある人材"の育成に取り組んできた。こうした成果が2014年のフィジーのランバサや、2015年の沖縄に集結したカウンターパートたちである。彼らこそが技術協力の成果なのだ。


さて、再びプロローグの2014年の11月のフィジーのランバサのレストランに戻ろう。

想い出話が一通り終わってさらにビールの空ビンが数本並んだ頃、ファフェタイが真面目な顔をして話し始めた。何か相談があるという。

「僕には本当に苦しい時期がありました。あの頃は人生最悪の時期だった」

そこでファフェタイは宙を見上げて、一息ついて続けた。

「まず、頼りにしていた父が亡くなった。それから汚職の疑いをかけられた。同じ頃にリナとうまくいかなくなった。結局、リナと別れることになった。お互いが相手を思いながら別れてしまった。リナとの間には子供ができなかった。自分は子供を持つことができないのだと思うようになった。環境省も辞めざるを得なくなった。世間から冷たい仕打ちを受けた。それで自分は神様を信じることができなくなった」

「そんなつらい時にも手を差し伸べてくれた人がいた。自分に何度も機会を与えてくれた。その機会にしがみついて何とか泥沼から這い出すことができた。J-PRISMの案件形成の準備でトンガに出張していたときに初めての子供（長女）が生まれた。翌年にまた娘（次女）が生まれ、今度3人目の子供（長男）に恵まれた。以前は、自分は神様に見捨てられたと思っていた。今では見捨てられていないどころか、祝福されているとさえ感じている。最高位のマタイの称号を与えられ、家族にもコミュニティにも大き

な責任を負う立場となった。これもあきらめずにずっと自分の成長を手助けしてくれた人がいたからだ」

またファフェタイの目が潤んでいる。

「そこで家族と相談して、初めての男の子にその人の名前をつけたいと思う。母も妻も賛成してくれた。どうだろう？」

それから3年が経ち、2017年2月にJ-PRISMもフェーズ2が開始された。今度は9カ国が対象だ。ファフェタイは専門家としてJ-PRISMや地域にはなくてはならない存在となっている。さらに2017年の10月、ファフェタイの家族に4人目の子供が加わった。女の子である。彼はどこまでも祝福されているようだ。

技術協力の専門家としてファフェタイのような人物に出会えることは幸運である。相手の成長の過程に関わることで、専門家自身も得るものが大きいからである。

ファフェタイはまさにその名が示すように、君の名前は『アリガトウ』だ。

ファフェタイ夫妻と子供たち
（前列：アマノ、ルアナ、レウトゥ、
後列：レヴィタ）
写真：ファフェタイ・サガポルテレ

エピローグ

## BOX-6　Bon Voyage

　筆者が2000年に初めてSPREPに配属されたとき、シーナは廃棄物チームのアシスタントだった。彼女はゴーギャンの絵の中から抜け出してきたようなふくよかな若いサモア人女性だ。よく冗談を言い、同じチームのみんなを笑わせる。仕事はテキパキとこなす有能なアシスタントだ。JICAが2002年にサモアで初めて1カ月の広域研修を実施したとき、その準備や実施を助けて研修を成功に導いた。明るく前向きの性格のシーナは誰からも愛され、チームになくてはならないアシスタントだった。

SPREP時代のシーナ　　　　　　　　　　　　　　　　　　写真提供：SPREP

　2002年にブルースがSPREPとの契約を終えてニュージーランドに戻ることになり、SPREPのスタッフが送別のお茶会を開いた。その席でシーナはみんなに促され、ボスのブルースのために、履いていた草履を脱ぎ捨てて、裸足でポリネシアンダンスを披露して喝采を浴びた。その後、彼女も結婚してニュージーランドに移り住むことになり、音信が途絶える。

　2017年のある日、ファフェタイが知人の葬儀に参列すると、そこにシーナがいるのを見つけた。ファフェタイはシーナに声をかけた。久しぶりの再会だ。シーナは深々と毛糸の帽子をかぶっている。がんで

闘病中らしい。親族の葬儀に出席するために子供たちと一緒にサモアに戻ってきたとのこと。しばらく昔話をして2人は別れた。シーナはファフェタイに小さく手を振り、明るい笑顔で見送った。

ファフェタイがシーナの訃報を受け取ったのはそれからしばらくしてからのことだ。

彼女はまだ30代後半の若さだった。

シーナの他にも多くの仲間が天国に旅立っていった。安らかな旅路をと祈るばかりだ。彼らの貢献は決して忘れない。

・ドン（パラオ環境保護局）

・ジョン（ミクロネシア連邦ヤップ州環境保護局）

・ジョーF（ミクロネシア連邦ヤップ州環境保護局）

・ジョーK（ミクロネシア連邦チューク州環境保護局）

・キリオン（ミクロネシア連邦チューク州公共事業局）

・ロバート（ミクロネシア連邦コスラエ州資源管理局）

・ローニー（マーシャル諸島環境保護局）

・トーキ（キリバスベシオ町役場）

・ケリー（パプアニューギニア環境局）

・コリン（ソロモン諸島西部州政府）

・ビリー（ソロモン諸島西部州政府）

・セメッサ（フィジー・スバ市役所）

・志田（元サモア環境省シニアボランティア）

・アレックス（サモア・フラワーグロワーズアソシエーション）

・ニウ（サモア環境省）

・ラバッサ（サモア環境省）

・マーク（元SPREP固形廃棄物管理アドバイザー）

技術協力の主役は『人』である。彼らはJICAの技術協力における貴重なプレーヤーやコーチだった人材だ。残念ながら、せっかくの

人材が失われたり、外部に流出したりすることが多い。大洋州の島嶼国では人材の定着が大きな課題であり、一国だけでは能力ある人材に限りがあるため、人材育成の継続と南南協力による地域レベルでの助け合いが重要だ。これがこの地域で長く協力を続ける必要性につながっている。

# あとがき



　生まれて初めての外国旅行はアフリカだった。建設会社に勤めていた筆者はナイジェリアのプロジェクトに派遣された。当時はアフリカに行くには途中アンカレッジで給油してヨーロッパに飛ぶのが通常のルートだった。オランダで一泊し、そこからナイジェリアはさらに遠く、どこまでも無機質なサハラ砂漠を越えてゆかなければならない。かれこれ40年も前のことになる。

　この物語の舞台となった太平洋の島に初めて訪問したのは1980年で、森村桂の小説『天国にいちばん近い島』で有名になったニューカレドニアとニューヘブリデスがセットになったパックツアーだった。ニューヘブリデスは数カ月後にイギリスとフランスから独立し、現在のバヌアツ共和国となった。その後、仕事で再びナイジェリア、インドネシア、ネパール、アメリカなどに長期滞在したが、太平洋の島とは接点がなかった。初めての訪問から20年後に、以前からお世話になっていた桜井國俊氏の紹介で、縁あって南太平洋のサモアに赴任したのが2000年のことである。その年に長年勤めた会社を早期退職し、残りの人生で国際協力に携わる決心をした。

　このプロジェクトヒストリーを執筆するにあたり、多くは筆者の記憶に頼っている。しかし、記憶違いがあるかもしれず、事実関係の確認や興味深いエピソードを伺うために何人かの関係者を煩わせることとなった。本書の主人公ともいうべきファフェタイ・サガポルテレ氏を初めとし、坂井（川畑）友里江、村中梨砂、尾澤（根崎）俊、築地淳、リアド・マハムード、西川順一の諸氏には、直接お話を伺ったり、細かいメールのやりとりをしたり、大変ご協力いただいた。改めてお礼申し上げたい。また、何人かのカウンターパートにも確認を行った。それらを元に物語風にアレンジしているものの、すべては事実に基づいている。特にファフェタイに関してはかなり

私生活に立ち入ったことを書かざるを得なかった。それを快諾してもらったことで本書に物語としての生々しさを付け加えることができた。

　大洋州に対する廃棄物分野の協力は、2016年の２月にJ-PRISM（フェーズ1）が終了することになっていて、その時点で筆者の実質的な関与も終わる予定だった。過去に何度となくJICAの担当職員や専門家が入れ替わるたびに、これまでの協力の歴史や経緯を説明してきたが、いよいよ退職が目前に迫って、何らかの形で遺さなければと考えていた。そうして私的な文章を綴り始めていたときに、かつてJ-PRISMの立ち上げやプロジェクト運営に携わったJICA職員からプロジェクトヒストリー執筆の話が持ち上がった。退職直前の2017年の1月のことである。それからバタバタと構想を練り、JICA研究所に概要書を提出し、執筆が認められた。

　構想に沿って、関係者にインタビューしたり、自身の記憶をたどったりしながらA4のコピー用紙に執筆メモ（エピソード）を書き溜めた。本格的に執筆を始めたのは2017年の10月、縁あって再びサモアを訪れていたときである。一般の読者、それも高校生や大学生などの若い読者を想定し、物語として読んでもらえるようなものにしたいと考えた一方で、これまでの協力の歴史を新たな関係者に遺すという目的の、二兎を追うことは必ずしも容易ではなかった。物語と記録をどう融合させるかという困難な作業の中で、『技術協力』の歴史を単なる記録ではなく物語で伝えることの方に重点をおいた。

　プロジェクトヒストリーの執筆は自身の歴史を振り返ることでもあった。機会を得て初めてサモアに赴任したのは偶然に違いない。だが、今から考えてみると、ファフェタイとの出会いは何かに導かれた必然であったような

気がする。また、2000年に始まった協力がJ-PRISMのような広域プロジェクトに発展することになったのは、さまざまな時と場所で大洋州の協力に前向きな人たちと巡り会えたおかげである。そういった多くの関係者一人一人に貴重な物語があり、紙面の制約からそれらすべてを紹介することが叶わなかった。ご容赦願いたい。

　最後に、このプロジェクトヒストリーの執筆も含めて、これまで筆者自身がたくさんの機会を与えられ、多くの人のご支援、ご指導を得てここまで来ることができた。『アリガトウ』と感謝の言葉を添えて、あらためて心からお礼申し上げる次第である。

2018年12月

天野　史郎

# 大洋州廃棄物協力年表

| 年 | JICAの協力／プロジェクト関連の出来事 | 参照 | 日本・大洋州地域関連の出来事 | 参照 |
|---|---|---|---|---|
| 2000 | 3月　JICAが大洋州向けの協力企画調査を実施（櫻井レポート）<br>12月　島サミットの結果を受け、JICAがSPREPに個別専門家（天野）派遣 | 1-1章<br><br>1-2章、BOX-6 | 4月　第2回太平洋島サミット（宮崎）開催<br>7月　SPREP本部（サモア）移転 | 1-1章 |
| 2001 | 2月　第1回大洋州廃棄物広域研修（沖縄）実施<br>4月　研修員フォローアップ開始<br>10月　天野とファフェタイの出会い | 1-4章<br>1-5章<br>1-3章 | 9月　第12回SPREP年次加盟国会議開催 | |
| 2002 | 1月　SPREP研修センター完成（サモア無償資金協力）<br>2月　第2回大洋州廃棄物広域研修（サモア）を実施し、青年海外協力隊2名が初めて参加<br>11月　タファイガタ処分場改修1期工事開始（サモア）<br>12月　天野が国際保健機関広域研修（フィジー）参加、外務省尾池課長と会談 | <br>1-3章,1-4章<br>1-7章,BOX-2<br>1-6章 | 9月　第13回SPREP年次加盟国会議開催 | |
| 2003 | 2月　第3回大洋州廃棄物広域研修（沖縄）実施<br>3月　タファイガタ処分場改修1期工事終了（サモア）<br>9月　タファイガタ処分場改修2期工事（サモア）を実施し、浸出水調整池に遮水シートを設置 | 1-4章<br>1-3章<br><br>1-7章 | 3月　PIF諸国首脳補佐官会議（東京）開催、太平洋廃棄物管理マスタープラン協議<br>5月　第3回太平洋島サミット（沖縄）開催<br>9月　第14回SPREP年次加盟国会議開催<br>10月　秋篠宮殿下、同妃殿下サモアご訪問 | 1-6章<br><br><br>1-7章 |
| 2004 | 2月　第4回大洋州廃棄物広域研修（サモア）を実施し、青年海外協力隊6名も参加<br>4月　天野帰任<br>5月　SPREPに2代目専門家として田代（福岡市）派遣<br>9月　パラオ環境施設企画調査員（天野）派遣 | 1-4章、BOX-1<br><br><br><br>2-1章 | 1月　サイクロン・ヘタがサモア、ニウエを襲い多大な被害発生<br>4月　北太平洋島嶼国セミナー国際会議をIMF、ADB、JBIC、JICAが共催（パラオ）<br>9月　第15回SPREP年次加盟国会議開催 | <br><br>2-1章 |
| 2005 | 2月　第5回大洋州廃棄物広域研修（沖縄）実施<br>5月　タファイガタ処分場浸出水処理設備工事（サモア）を実施し、合わせてフェンスを設置<br>9月　『パラオ廃棄物管理改善プロジェクト』開始（二国間協力）<br>11月　地域廃棄物戦略第三国研修（サモア）実施 | <br>2-2章<br><br>3-1章 | 6月〜7月　『太平洋地域廃棄物管理戦略2005-2015』ドラフト協議<br>9月　第16回SPREP加盟国会議（サモア）で『太平洋地域廃棄物管理戦略2005-2015』承認 | 1-6章<br><br>1-6章 |
| 2006 | 6月　JICAが3代目専門家（廣中）をSPREPに派遣し、『太平洋廃棄物管理プロジェクト』<br>9月　『バヌアツ・ブッファ廃棄物処分場改善プロジェクト』開始（二国間協力） | <br><br>3-1章 | 5月　第4回太平洋島サミット（沖縄）開催<br>9月　第17回SPREP年次加盟国会議開催 | |
| 2007 | 2月　第三国研修実施（サモア） | | 9月　第18回SPREP年次加盟国会議開催 | |
| 2008 | 3月　ファフェタイがサモア環境省を辞任<br>6月　『太平洋廃棄物管理プロジェクト』中間評価調査実施<br>9月　『パラオ廃棄物管理改善プロジェクト』終了<br>9月　『バヌアツ・ブッファ処分場改善プロジェクト』終了<br>10月　『フィジー廃棄物減量化・資源化促進プロジェクト』開始（二国間協力）<br>12月　処分場改善トレーニング実施（サモア） | 2-3章<br>2-4章<br><br><br>3-1,3-2章<br><br>2-4章 | 9月　第19回SPREP年次加盟国会議開催 | |
| 2009 | 5月　太平洋諸島フォーラム（PIF）諸国向けの研修をJICA九州センターで開催し、廃棄物管理の協力について議論、志布志市がJICA研修員受け入れ開始 | 3-2章<br>3-3章 | 5月　第5回太平洋島サミット（北海道）開催<br>6月〜7月　『大洋州地域廃棄物管理戦略2010-2015改訂版』ドラフト協議<br>9月　第20回SPREP年次加盟国会議（サモア）で『大洋州地域廃棄物管理戦略2010-2015改訂版』承認<br>9月　サモア諸島沖地震津波災害が発生し甚大な被害（200名死亡） | 1-6章<br>1-6章<br><br>1-6章,3-3章<br><br>2-5章 |
| 2010 | 2月　『太平洋廃棄物管理プロジェクト』終了時評価およびラップアップ研修実施（サモア）<br>5月〜9月　大洋州廃棄物管理改善支援プロジェクト（J-PRISM）詳細計画策定調査実施 | 2-5章<br><br>3-3章,3-4章,BOX-3 | 9月　第21回SPREP年次加盟国会議（パプアニューギニア）開催 | 3-4章 |
| 2011 | 2月　チーフアドバイザー（天野）がサモアに赴任し、SPREP内にプロジェクトオフィス設置、J-PRISM（大洋州廃棄物管理改善支援プロジェクト）開始<br>3月　短期専門家（パプアニューギニア、ソロモン諸島、バヌアツ担当：川内、パラオ、ミクロネシア連邦、マーシャル諸島担当：四阿、村中）派遣開始 | 4-1章<br><br><br>4-1章 | 3月　東日本大震災発生 | 4-1章 |

| 年 | JICAの協力／プロジェクト関連の出来事 | 参照 | 日本・大洋州地域関連の出来事 | 参照 |
|---|---|---|---|---|
| 2011 | 4月 プロジェクトオフィスのローカルコンサルタントとしてファフェタイを雇用<br>6月 短期専門家（フィジー、キリバス、トンガ：川畑、可児）派遣開始<br>7月 プロジェクトオフィス業務調整／研修企画の長期専門家（加納）がサモア赴任<br>9月 第1回J-PRISMプロジェクト運営会議（サモア）<br>11月 短期専門家（川内）が体調不良により任期短縮<br>11月 バヌアツに処分場広域研修実施（5カ国：パプアニューギニア、ソロモン諸島、バヌアツ、フィジー、サモア） | 4-2章 | 9月 第22回SPREP年次加盟国会議（サモア）開催、JICA上級審議役（岡崎）が本会議でSPREP加盟国の東日本大震災復興支援に対する謝意を表明 | 4-1章 |
| 2012 | 4月 短期専門家交代（ミクロネシア連邦、マーシャル諸島担当：四阿→長谷山）<br>4月～11月 「大洋州地域静脈物流情報収集・確認調査」実施（5カ国：フィジー、サモア、トンガ、バヌアツ、ツバル）<br>7月 ミクロネシア連邦「ヤップ州廃棄物処理場整備計画」供与契約署名<br>7月 プロジェクトオフィス業務調整の長期専門家（築地）がサモア赴任<br>9月 第2回J-PRISMプロジェクト運営会議（ニューカレドニア）<br>9月 短期専門家派遣（バヌアツ、ソロモン担当：糟谷）<br>11月 短期専門家（パプアニューギニア担当：リアド）派遣開始 | 4-6章<br><br><br><br><br>4-3章 | 5月 第6回太平洋島サミット（沖縄）開催<br><br>9月 第23回SPREP年次加盟国会議（ニューカレドニア）開催 | 4-3章 |
| 2013 | 1月 タファイガタ処分場ウェイブリッジ引渡し式（サモア）<br>2月 パプアニューギニアで専門家（リアド、築地）が武装強盗団に遭遇<br>2月 ババウ島カラカ処分場改善完了（トンガ）<br>4月 短期専門家交代（ソロモン諸島、バヌアツ担当：糟谷→阿部、長田）<br>7月 ポンペイ処分場改善トレーニング（ミクロネシア連邦）<br>7月 廃棄物分野の労働安全衛生広域研修（6カ国：フィジー、パプアニューギニア、ソロモン諸島、バヌアツ、ナウル、サモア）をILOと共催<br>8月～9月 J-PRISM中間レビュー調査実施<br>9月 第3回J-PRISMプロジェクト運営会議（サモア）<br>10月 プロジェクトオフィス長期専門家（加納）帰任 | 4-2章<br>4-4章<br><br>4-5章<br>4-4章<br><br>4-6章<br>4-8章<br><br><br>4-2章<br><br>4-2章 | 3月 アジア3R推進フォーラム（ハノイ）にてJICAが島嶼国分科会を開催し『3R＋リターン』の重要性を提言、これ以降『アジア太平洋3R推進フォーラム』と改称<br><br>9月 第24回SPREP年次加盟国会議（サモア）開催 | 4-7章 |
| 2014 | 1月 プロジェクトオフィス業務調整／能力向上長期専門家（進藤）派遣<br>2月 「ヤップ州廃棄物処理場整備計画」引渡し（ミクロネシア連邦）<br>2月 NPO『道普請人』によるアクセス道路改修トレーニング実施（ミクロネシア連邦チューク）<br>4月 ソロモン諸島ホニアラ洪水被害<br>6月 チーフアドバイザー（天野）日本帰国、以後日本ベースでチーフアドバイザー兼務<br>8月 プロジェクトオフィス業務調整長期専門家（吉田）赴任（サモア）<br>9月 第4回J-PRISMプロジェクト運営会議（マーシャル諸島）<br>11月 第1回専門家養成研修（フィジー・ランバサ）実施 | 4-6章<br><br>4-6章<br><br>4-3章、4-6章<br><br><br><br>プロローグ、エピローグ | 2月 アジア太平洋3R推進フォーラム（インドネシア・スラバヤ）にてJICAが大洋州における『3R＋リターン』の活動をプレゼン<br><br>6月 持続可能な島嶼社会の発展に関する専門家会議（沖縄）開催<br><br>9月 国連小島嶼開発途上国会議（サモア）開催<br>9月 第25回SPREP年次加盟国会議（マーシャル諸島）開催 | 4-7章<br><br><br><br><br>4-7章 |
| 2015 | 5月 第2回専門家養成研修（沖縄）実施<br>7月 バルニ処分場改善一部引渡し（パプアニューギニア）<br>7月～9月 J-PRISM終了時評価調査<br>9月 第5回J-PRISMプロジェクト運営会議（サモア）開催 | 5-1章<br>4-4章<br><br>5-2章 | 5月 第7回太平洋島サミット（福島）開催<br>7月 第1回 大洋州地域廃棄物戦略2016-2025（『Cleaner Pacific』）ドラフト協議<br>9月 第26回SPREP年次加盟国会議（サモア）で『大洋州地域廃棄物戦略2016-2025（『Cleaner Pacific 2025』）』承認 | 5-3章 |
| 2016 | 2月 J-PRISM終了（地域協働活動のみ9月まで延長）<br>5月～9月 J-PRISMフェーズ2基本計画策定調査実施（8カ国がR/D署名）<br>9月 J-PRISM（フェーズ1）完了 | 5-3章、BOX-4<br>BOX-5 | 8月 第1回太平洋廃棄物円卓会議（フィジー）<br>9月 第27回SPREP年次加盟国会議（ニウエ）にてJ-PRISMフェーズ2の『地域協力協定』を署名 | 5-3章 |
| 2017 | 2月 J-PRISMフェーズ2開始（8カ国：パラオ、ミクロネシア連邦、マーシャル諸島、パプアニューギニア、ソロモン諸島、バヌアツ、トンガ、サモア）<br>7月 J-PRISM2第1回プロジェクト運営会議（ソロモン諸島） | | 9月 第28回SPREP年次加盟国会議（サモア） | |
| 2018 | 6月 フィジーがR/D署名し、プロジェクト対象国が9カ国<br>8月 J-PRISM2第2回プロジェクト運営会議（フィジー） | | 5月 第8回太平洋島サミット（福島）開催<br><br>8月 第2回太平洋廃棄物円卓会議（フィジー） | |

# 参考文献・資料

イースタリー, ウィリアム著　小浜裕久+織井啓介+冨田陽子訳[2009], 『傲慢な援助』, 東洋経済新報社

小川三夫[2008], 『棟梁−技を伝え, 人を育てる』, 文春文庫

楠木建[2010], 『ストーリーとしての競争戦略』, 東洋経済新報社

国際協力機構[2005], 『開発途上国廃棄物分野のキャパシティ・ディベロップメント支援のために』, 国際協力機構国際協力総合研修所

————[2008], 『国境を越える課題−広域協力形成・実施ハンドブック−』, 国際協力機構国際協力総合研修所

————[2012], 『大洋州地域廃棄物管理改善支援プロジェクト詳細計画策定調査報告書』, 国際協力機構地球環境部

————[2013], 『大洋州地域静脈物流情報収集・確認調査報告書』, 国際協力機構

————[2015], 『小さな島の循環型社会に向けて』, 国際協力機構地球環境部

————[2016], 『大洋州地域廃棄物管理改善支援プロジェクト終了時評価調査報告書』, 国際協力機構地球環境部

小林泉[1994], 『太平洋島嶼諸国論』, 東信堂

桜井國俊[2000], 『サモア企画調査員(廃棄物)調査報告書』, 国際協力機構

スマイルズ, サミュエル著　竹内均訳[2002], 『自助論』, 三笠書房

田中信壽[2000], 『環境安全な廃棄物埋立処分場の建設と管理』, 技報堂出版

谷浦英男[2000], 『タラワ, マキンの戦い−海軍陸戦隊ギルバート戦記』, 草思社

服部正也[1972], 『ルワンダ中央銀行総裁日記』, 中公新書

バナジー・A・V, デュフロ・E著　山形浩生訳[2012], 『貧乏人の経済学』, みすず書房

福沢諭吉[1995], 『文明論之概略』, 岩波文庫

舩坂弘[2000], 『ペリリュー島玉砕戦−南海の小島七十日の血戦』, 光人社NF文庫

松岡正剛[2000], 『知の編集術』, 講談社現代新書

————[2001], 『知の編集工学』, 朝日文庫

ミンツバーグ, ヘンリー著　池村千秋訳[2006], 『MBAが会社を滅ぼす』, 日経BP社

沼田大輔[2014], 『デポジット制度の環境経済学』, 勁草書房

田坂広志[2003], 『仕事の思想』, PHP研究所

矢野和男[2014], 『データの見えざる手−ウェアラブルセンサが明かす人間・組織・社会の法則』, 草思社

リンチ, ジェリー著　水谷豊+笈田欣治+野老稔訳[2008], 『クリエイティブ・コーチング』, 大修館書店

Kano, H. and Honda, S. [2013], J-PRISM: A Case Study of Regional Mutual Learning and Discovery towards an Effective Solid Waste Management in the Pacific, JICA Research Institute

Sagapolutele, F. [2009], Samoa Tsunami Preliminary Survey Report on Bulky Waste Generated, JICA

Sagapolutele, F. and et al. [2018], Practical Guide to Solid Waste

Management in Pacific Island Countries and Territories, SPREP／JICA

Secretariat of the Pacific Regional Environment Programme [2005], Pacific Regional Solid Waste Management Strategy 2005-2015, SPREP

————[2009], Pacific Regional Solid Waste Management Strategy 2010-2015, SPREP

————[2016], Pacific Regional Waste and Pollution Management Strategy 2016-2025 (Cleaner Pacific 2025), SPREP

※本書に関連する写真・資料の一部は、独立行政法人国際協力機構(JICA)のホームページ「JICAプロジェクト・ヒストリー・ミュージアム」で閲覧できます。
URLはこちら:
https://libportal.jica.go.jp/library/public/ProjectHistory/Mynameisthankyou/Mynameisthankyou-p.html

# 略語一覧

| | |
|---|---|
| **ADB** | Asian Development Bank（アジア開発銀行） |
| **AFD** | Agence Francaise de Developpement（フランス開発庁） |
| **CDL** | Container Deposit Legislation（容器デポジット法・制度） |
| **EIA** | Environment Impact Assessment（環境影響評価） |
| **EPA** | Environmental Protection Agency（Authority）（環境保護庁） |
| **EU** | European Union（欧州連合） |
| **GEF** | Global Environment Facility（地球環境ファシリティ） |
| **IEE** | Initial Environment Examination（初期環境調査） |
| **ILO** | International Labour Organization（国際労働機関） |
| **JBIC** | Japan Bank for International Cooperation（国際協力銀行） |
| **JCC** | Joint Coordinating Committee（プロジェクト調整委員会） |
| **JETRO** | Japan External Trade Organization（日本貿易振興機構） |
| **JICA** | Japan International Cooperation Agency（国際協力機構） |
| **J-PRISM** | Japanese Technical Cooperation Project for Promotion of Regional Initiative on Solid Waste Management in Pacific Island Countries（大洋州地域廃棄物管理改善支援プロジェクト） |
| **LEAF** | Learning and Ecological Activities Foundation for Children（NPO法人こども環境活動支援協会） |
| **NCDC** | National Capital District Commission（ポートモレスビー首都圏庁） |
| **NGO** | Non-governmental Organization（非政府組織） |
| **NPO** | Non-profit Organization（非営利組織） |
| **ODA** | Official Development Assistance（政府開発援助） |
| **PIDOC** | Pacific Islands Database of Capacity Development Activities（太平洋島嶼国能力開発データベース） |
| **PIF** | Pacific Island Forum（太平洋諸島フォーラム） |
| **SPC** | Secretariat of the Pacific Community（太平洋共同体・事務局） |

| | |
|---|---|
| **SPREP** | Secretariat of the Pacific Regional Environment Programme（太平洋地域環境計画・事務局） |
| **UNDP** | United Nation Development Program（国連開発計画） |
| **UNEP** | United Nation Environment Program（国連環境計画） |
| **WARM** | Work Adjustment for Recycling and Managing Waste（ILO/JICA による廃棄物分野の労働安全衛生改善マニュアル） |
| **WB** | World Bank（世界銀行） |
| **WHO** | World Health Organization（世界保健機関） |

## [著者]

## 天野　史郎 （あまの　しろう）

　インスピラーレ開発研究所代表。大学卒業後25年間ゼネコンに勤務。ナイジェリア、インドネシア、ネパール、米国などで建設および環境修復プロジェクトに従事。1984年～1986年米国大学院留学。2000年に同社を退職し、JICA長期専門家（廃棄物処理）としてサモアの地域国際機関SPREP（太平洋地域環境計画事務局）に派遣され、サモアのタファイガタ処分場改善指導や14カ国対象の広域研修実施などの活動を行う。2004年にJICA広域企画調査員（環境）として1年間パラオに勤務。帰国後2005年から2017年までJICA国際協力専門員（環境管理・廃棄物）。この間にアジア・太平洋、中南米地域の国を中心に案件形成、評価、プロジェクト運営指導などに携わる。2011年～2016年、11カ国を対象とする大洋州地域廃棄物管理改善支援プロジェクト（通称J-PRISM）チーフアドバイザー兼務。2017年10月から2018年9月までJ-PRISM（フェーズ2）チーフアドバイザー代理。現在に至る。

### 僕の名前はアリガトウ

#### 太平洋廃棄物広域協力の航跡

2018年12月25日　第1刷発行

著　者：天野史郎

発行所：佐伯印刷株式会社　出版事業部
　　　　〒151-0051 東京都渋谷区千駄ヶ谷5-29-7
　　　　TEL 03-5368-4301
　　　　FAX 03-5368-4380

編集・印刷・製本：佐伯印刷株式会社

ISBN978-4-905428-90-9　Printed in Japan
落丁・乱丁はお取り替えいたします